教育部人文社会科学研究青年基金项目（项目批准号：16YJC710004）
安徽省哲学社会科学规划项目（项目批准号：AHSKY2018D46）
安徽省教育厅高校人文社科研究项目（项目批准号：SK2020A0305）

中华文化
传播路径与策略

陈志超　雷乐街 ◎ 著

U0741972

安徽师范大学出版社
ANHUI NORMAL UNIVERSITY PRESS

·芜湖·

图书在版编目(CIP)数据

中华文化传播路径与策略 / 陈志超,雷乐街著 .— 芜湖:安徽师范大学出版社,2022.4

ISBN 978-7-5676-5611-6

Ⅰ.①中… Ⅱ.①陈… ②雷… Ⅲ.①中华文化－文化传播－研究 Ⅳ.①G125

中国版本图书馆CIP数据核字(2022)第052118号

中华文化传播路径与策略　　　　　　　　陈志超　雷乐街◎著

责任编辑:阎　娟　　　　　　责任校对:王　贤
装帧设计:王晴晴　汤彬彬　　责任印制:桑国磊
出版发行:安徽师范大学出版社
　　　　　芜湖市北京东路1号安徽师范大学赭山校区
网　　址:http://www.ahnupress.com/
发 行 部:0553-3883578　5910327　5910310(传真)
印　　刷:苏州市古得堡数码印刷有限公司
版　　次:2022年4月第1版
印　　次:2022年4月第1次印刷
规　　格:700 mm × 1000 mm　1/16
印　　张:11.75
字　　数:174千字
书　　号:ISBN 978-7-5676-5611-6
定　　价:48.00元

如发现印装质量问题,影响阅读,请与发行部联系调换。

目　录

绪　论

第一节　研究缘起

王义桅在对今日中国三重身份角色的讨论中，提出"全球中国"这一命题。其所谓的"全球中国"，即指"随着中国的改革开放，那些利益和观念国际化、全球化的部分，即坚持传统文化，又包容共同价值，而处于形成之初级阶段的全新国家身份"。在这种全新的国家身份建构中，"一带一路"又扮演着关键性的角色。"一带一路"建设，"肩负着推动中华文明转型的历史担当，推动实现新时代中国特色社会主义的现实担当和实现伟大复兴中国梦的未来担当，正从重塑传统中国、现代中国、全球中国的层面'再造中国'"①。在这种世界局势急速转变、时代背景更新、话语理论体系转型的情况下，许多我们曾经一再讨论和反复研究的问题，需要在新的语境中加以重新解释、解读，相关的观点、结论和认识也需要更新、补充和调整。如何妥善处理中外人文交流、中华文化"走出去"、中华优秀传统文化的传承与发扬等问题，随着时代的前进和语境的转换，学界的相关研究基本上保持同步更新。在此情况下，本书尝试在既有的研究成果的基础上，以及在关于中华文化"走出去"这一宏观的讨论框架内，选择

---

① 王义桅.中国联通世界:如何看"一带一路"[M].北京:外文出版社,2019:40.

中华文化元素这一新命题为研究对象。可以说，有关中华文化元素的研究为数不多，关注度并不高，存在着大量可以拓展和深入的空间。

"一带一路"这一命题，兼具理论和实践属性，就前者而言，"一带一路"是一种倡议、观念、理念；就后者而言，"一带一路"又呈现为一系列的政策、方案、实施举措。所以，可以毫不夸张地说，"一带一路"的提出不仅给理论界，尤其是当代国际政治关系、中外交流等领域的研究理论，带来了理论更新和创新的紧迫任务，而且同时，给当代世界政治经济局势和中外关系的格局体系和运作方式等实践层面带来了实实在在的变化。因此，无论就理论研究，还是预案对策方面，需要保持相对同步的更新。从宏观层面来看，"一带一路"沿线国家和地区之间的交流合作，可以基本上分为经贸合作和人文交流两大领域，同时，经贸合作和人文交流又是推动"一带一路"建设的两大途径和方式，不妨认为，经贸合作和人文交流既是"一带一路"建设的目标，同时又是其主要途径和方式。"一带一路"倡议的核心目标是实现多层次、立体式、全方位的互联互通，在"五通"建设中，就明确规定了"民心相通"的目标和使命。与"设施联通"等硬件方面的基础设施建设不同，"民心相通"侧重于软实力的建设，其关键在于推动"一带一路"沿线国家之间的人文往来朝更高、更深层次发展，"以文化交流推动包容开放理念的形成和扩散，促进文化交融，促成文化认同感，为深化沿线国家合作提供内在动力"[1]。软实力的主要作用，体现在"塑造人们喜好的能力"和"吸引人心的能力"，能够"通过制度、价值观和感召力赢得人心，通过以情动人和以理服人等相对温和的手段争取人性"[2]。"一带一路"的提出和落实，为中外人文交流和中华文化"走出去"提供了一个新的平台和机遇，这个平台的搭建是在既有的国际性、区域性合作框架和协议的基础上的进一步整合。当然，这种整合并非简单的加减组合，而是具有一定的创新性，是中华文明、中国智慧贡献

---

① 王义桅.中国联通世界：如何看"一带一路"[M].北京：外文出版社，2019：29.

② 邢丽菊.推进"一带一路"人文交流：困难与应对[J].国际问题研究，2016(6)：6.

给全世界的制度性公共产品和观念性公共产品。无论就字面意义，还是其背后隐含的深层内涵和底蕴而言，"一带一路"倡议是带有鲜明的中华文化、中国智慧色彩的。对于传统的以西方为主导的理念和观念、西方意识形态的国际关系理论而言，无疑是一种巨大的进步和创新。这种鲜明的中国色彩，必然是以中国传统文化中具有超越时空生命力的优秀成分为依托和底色的。"一带一路"倡议作为一种理念，它的提出、成型、补充、调整乃至不断健全，必然是以中华文化为养料，脱胎于中华文化的政治观、国际观等。"一带一路"倡议作为一种战略，在落实的过程中，同样也面临着不断调整、修改、完善的过程。总之，"一带一路"倡议无论是从理论研究，还是实践落实层面来看，均需要中华文化提供"软实力"和"软支撑"。因此，一方面，就如何为"一带一路"倡议的理论研究提供"软支撑"而言，我们需要关注到中华文化这一命题，在既有研究的基础上，结合"一带一路"这一理论体系的新发展和需要，进行理论创新和学术探索。具体而言，对于原有研究成果、观念和结论已经无法适应新的情形的，需要予以突破创新；对于新出现的问题、新的研究领域和新增的研究空白区，需要及时地介入进行填补。另一方面，就如何为"一带一路"倡议的实施提供"软实力"而言，我们需要从实践层面，考察中华文化"走出去"的现状和机制，然后，从新的平台条件和要求出发，发挥文化交流在促进民心相通方面的积极作用。

　　张维为对中国属"文明型国家"的相关研究，对于把握和阐释我们的研究主题颇有助益。张维为认为，中国的崛起，主要原因是坚持了自己的发展道路，既学习了别人之长，也发挥了自己的优势，实现了一种对西方模式的超越，也实现了一个五千年文明与现代国家重叠的"文明型国家"的崛起。对西方模式的超越，体现在中国崛起的整体过程中，"一带一路"倡议的提出同时也是对西方传统国际关系理念、体系和模式的超越。实现这种超越的底气和实力，正是现代西方的"民族国家"所不具备的长达数千年的文明史，五千年延绵不断的历史使中国在人类知识的所有领域几乎都形成了自己的知识体系和实践传统，进一步看，这种传统的丰富性、内源性、原创性和连续性都是其他民族难以望其项背的。可以说，这种文明传统的价值和意义，在今天中华民族走向复兴的过程中，再次得到重视和认识。虽然，在数千年的历史，尤其是近代史上，世界的政治经济格局，已经发生了数次扭转性、根本性的转变，但是数千年的文明史所积累的宝贵精神财富，使得我们依然能够从传统精神资源中获得足够的启示，来帮助我们应对和解决各种新挑战和新困难，同时也能为我们建构全新的全球政治经济理论提供中国智慧。正如张维为所指出的，"过去三十多年的改革开放就是把整个中华文明推入国际大竞争，看一看中华文明能不能站住脚"，事实上，结果显示，"中华文明不但站住了脚，经受了考验，中华文明的很多内容还被迅速激活"①。"一带一路"可以视为全面呈现中国国际关系观的理论体系，这套理论体系的建构，既非一蹴而就，也非现成套用；无论是在表达方式，还是在概念命题上，均彰显着中国文化的独特风格，这种中国风格的形成正是长期历史文化传统积累的结果。"一带一路"理论体系的建构，在某种程度上可以将其视为依据中国经验和实践，来建构中国话语体系的尝试。总之，"一带一路"倡议在理论上，是根植于中华文明史，继承并创新传统的思维方式和表达方式，赋予传统文化元素以时代内涵，构建中国在国际关系领域的话语体系和模式。从这一意义出发，我们不难看出中华传统文化对"一带一路"理论建构的影响，无论是思维方式、表达方式，还是概念元素，均是有机的组合，内嵌于中华传统文化系统之中。

至此，我们可以初步回答，为什么要研究"一带一路"背景下的中华文化和中华文化元素。一方面，就可行性而言，"一带一路"是中华文化中传统智慧在当下依旧具有生命力和借鉴价值的集中体现，因此，它的意义体现于，在对中华文化的研究中可以作为一个典型个案，以及方法论上的切入口。另一方面，就必要性而言，"一带一路"的提出、实施，以及

---

① 张维为.中国震撼：一个"文明型国家"的崛起[M].上海：上海人民出版社，2011：54.

后续的稳步持续推进，实际上正在不断改变着现有的世界格局以及国际政治体系观念，中华文化作为一种不断走向世界的文化资源、精神资源，必然要求与之保持同步更新。换言之，我们需要在新的时代背景下和理论语境下，对中华文化重新认识、重新解读、重新诠释。至于，具体的研究思路、方法和途径不必相同，可以分别从不同的视角和侧面开展研究。而本书，则选取了一个微观的研究视角，从中华文化这一概念中提炼出中华文化元素这一子概念，作为本书的研究主题。

接下来，我们从另一个角度展开讨论，为何从中华文化这一概念中挑选出中华文化元素作为本书的研究主题。学界关于中华文化的理论研究和学术讨论，可谓是汗牛充栋，且已经较为成熟。如果将其界定为一种框架的话，那么后续的研究需要打破传统的框架，尝试突破固定思维和现有研究成果的局限；如果将其定性为一种理论的话，那么深入的研究需要进行细化，见微知著。将宏观的理论体系进行合理的拆分和划分，然后再从微观的角度围绕子问题进行研究，就论证逻辑上而言，是一种可行的方式；就方法论上而言，是一种可取且有效的途径。

对于中华文化元素的概念界定，在后文将予以专门的分析和讨论，此不赘述。下面，我们将重点关注中华文化元素与中华文化的辩证关系，并尝试予以较为合理的阐释。从理论上来看，中华文化与文化元素有整体与部分、抽象与具象之分。就文化对外传播的实践而言，中华文化的对外输出最终落在具体的文化元素的对外传播上，例如中国的武术文化，大多是通过功夫以及功夫人物如李小龙展现在海外民众面前。整体的文化输出，在实践上不具可操作性，而个体的文化元素则可以依托一定的形式进行跨国传播，如《舌尖上的中国》通过纪录片的形式，直观地将中国独特的饮食文化呈现在世界观众面前。因此，可以认为，中华文化元素的对外传播，在本质上，是中华文化对外传播的具体化与现实化，是中华文化走向世界的具体方案，也是中外文化交流的现实路径。因为中华文化源远流长、博大精深、底蕴深厚，除非专业的"汉学家""中国通"，一般民众很难掌握、理解进而认同。中外之间的人文交流其首要工作在于进行常识性的普及与宣传，就中华文化的上述特点而言，整体性的、全盘性的输出不具可操作性。因此，借助于具有高度凝练性、典型性、代表性的中华文化元素，对于推动中外人文交流，具有极大的便利性。

从上述分析我们可知，实际上，在中华文化"走出去"的实践层面，中华文化与中华文化元素之间的差异是客观存在的，但是一直被忽视了。因此，针对这一状况，我们有必要正视这两者之间存在的差异，给予中华文化元素本应得到的关注和重视。通过理论研究，来努力和尝试回应中华文化元素对外传播过程中的实践需要。

最后，需要进一步分析，为何选择以产业化途径为中心来研究"一带一路"背景下中华文化元素的对外传播。首先，这是理论研究，需要有现实关怀和理论指导实践的导向要求。事实上，中华文化元素的对外传播，既属学术理论探讨范围之内，同时又有着鲜明的实践色彩。其次，中华文化元素的对外传播工作，并不能单纯依靠政府主导的官方舆论宣传活动，或者民间组织的公益性文艺活动，而且就实际情况来看，无论官方组织还是民间组织所发起的各种宣传活动，其投入之成本与最终效果之间难成正比，可谓是投入巨大，但是收效甚微。因此，通过产业化的方式，将中华文化元素转化为文化产品或者文化服务，以盈利的方式来保障中华文化元素对外传播的持续有效进行，实现经济效益和宣传效应的双赢，才是可行的方式，当然这并不是唯一的选择。再次，"一带一路"，为中华文化元素产业化提供了基础和机遇。随着"一带一路"的深入推进，沿线国家民众了解中华文化的渴望和需要程度将进一步加深，文化消费市场进一步扩大，文化消费潜力进一步释放。随着沿线国家互联网等通信基础设施的完善和升级，数字化、信息化的文化产品和服务将获得优先发展。另外，当前，沿线部分国家信息化水平较低，以轻型小巧为特征的文化产品较大宗商品更受欢迎。部分文化产品具有跨越时间和空间限制的特征，因此，在"一带一路"合作中，文化产业的发展速度显得尤为突出。此外，还有一个不能被忽视的现实是，中华文化元素的产业化，既涉及人文交流，又属于经贸合作，它能够妥善处理人文交流和经贸合作之间的张力，可以将其视为一个桥梁和中介，勾连着人文与经贸这两翼。

综上，较为严谨地遵循逻辑进程，详细叙述和呈现了本书的选题思路和问题意识。"一带一路"倡议，是基于中华文化传统而进行的、具有中国智慧和中国风格的话语体系和创新模式，它的提出实际上是回应和适应了当前世界政治经济格局不断转变的现实需求，在此情况下，我们对于中华传统文化的认识和相关研究、结论需要更新、挑战或补充，于是本书尝试在中华文化这一命题中提炼出中华文化元素这一概念，同时，基于理论研究的现实关怀，选择以产业化途径为中心来讨论和分析如何推动中华文化元素的对外传播。

第二节　相关概念界定

一、关于中华文化元素的定义

中华文化元素是本研究中的核心命题和主体概念之一，因此，有必要将其置于概念阐释的框架下，在梳理与之相关的前期研究成果的基础上，根据相关研究理论以及最新研究动态，结合本研究主题和分析需要，在兼顾回顾性和前瞻性的同时，给予其较为清晰和明确的定位和认知，以此作为本研究后续深入展开的前提和基础。

学界对中华文化元素、文化符号等相关、相近概念的研究，是概念界定部分不可回避、需要借鉴和阐发的关键问题。不同的研究者从各自关心的议题，分别从不同侧面予以中华文化元素和文化符号大体相近却各有侧重和特色的界定和解释。虽然他们的研究目的和结论与本书的研究诉求存在一定程度的差距和差异性，但是来源多样化的概念界定正好可以帮助本书进一步清晰地划定研究界限、分析空间和论述范围。中华文化元素和文化符号本身就是一个众说纷纭且可以各抒己见的具有极大开放性和包容性的议题，在不同的时代它具有不同的内涵和外延，在不同的研究领域又可以赋予彼此差异较大的意义。中华文化元素和文化符号在概念上的这种开放性和包容性，对于本书的研究既带来了一定程度上的便利性和可操作性，同时也带来了一定的挑战性和不确定性。上述研究的便利性和可操作性，从研究方法论上来看，主要集中在两个方面：其一，前人研究成果较为丰硕且多样，可资借鉴之处同比增多；其二，研究对象的开放性和包容性使得研究者能够尽可能地拓宽研究的视野，将研究触角拓宽和延伸至相关方面。上述研究的挑战性和不确定性同样集中在如下两个方面：其一，开放性和包容性在一定程度上蕴含研究核心难以确定和集中的风险，导致研究趋于分散或者碎片化，且研究者所面临的研究和分析需求增多，容易导致顾此失彼，乃至一定程度上的轻重不分和逻辑混乱；其二，开放性和包容性同时意味着概念边界和外延的不稳定，难以将研究对象限制在一个可控的范围内，容易引起歧义、误解。

鉴于上面的分析，我们有必要慎重地处理学界对于中华文化元素和文化符号的既有研究和分析，一方面，我们要结合相关学者的研究背景、研究目的和研究内容来综合分析其对中华文化元素和文化符号的概念界定；另一方面，我们更需要从本书的研究立场来分析和考量相关学者的研究，由此，思考其在多大程度上具有借鉴意义和参考价值。可以说只有结合两方面的分析和多角度的综合考量，才能预估学界已有研究成果对我们的参考价值和借鉴意义。

朱麟从对外传播视野角度研究了中华文化元素符号，她对文化元素做了如下定义，"文化元素，是指一个国家、一个民族的演变，沉淀下来的反映该民族、该国家的人文精神、民族精神的具有特质的文化成果"；而对于中华文化元素，她将其定义为"中华民族通过几千年的发展留下来的、由中国人创造的、体现中国人特质的文化元素"①。哈嘉莹、尚晓燕在以"一带一路"沿线的中国企业为例研究中国文化元素与企业国际化战略中，直接采取了与中华文化元素表达相近的中国文化元素，并将其定义为"凡是由中华民族创造的、为中华民族认可的，一切物质文化元素和精神文化元素"②。周瑾提出，"凡是被大多数中国人（包括海外华人）认同的、凝结着中华民族传统文化精神，并体现国家尊严和民族利益的形象、符号或风俗习惯，均可视为'中国文化元素'"③。蔡艳艳认为，"在中华民族融合和发展过程中逐渐形成的，由中华民族儿女创造并传承的，能够反映出中华儿女民族精神与社会风俗的，具有我国特征的文化成果都是中国文化元素"④。可以说，学界关于中华文化元素和文化符号的概念界定为数众多，在此处并未一一列举。对比上述概念界定，我们可以发现，这些定义之间既保持一定的相同性、相近性，同时也存在着一定的差异性和区别性。从整体上看，各位学者对中华文化元素和文化符号的定义，均将其集中在了民族特有、民族主体创造、民族集体认同和认可等关键核心概念上。

综合起来看，对中华文化元素进行概念界定，应围绕以下几个方面或者说关键词展开。

第一，我们首先需要强调它的民族属性，换言之，它是中华民族的文化元素，而不是世界上其他民族的。民族属性意味着民族特质和民族特色，为中华民族所独有而显著区别于其他民族。文化上的民族特质和民族特色，在一定程度上是区别民族的关键指标，不同的民族具有不同的文化，不同的文化标志民族之间的族群差异。同时，在强调民族性之际不能忽视文化的历史性。一个民族作为一个族权实体，正是在漫长的历史进程

① 朱麟.对外传播视野下的中华文化元素符号的研究[M].北京:社会科学文献出版社,2014:22-23.

② 哈嘉莹,尚晓燕.中国文化元素与企业国际化战略:"一带一路"沿线的中国企业[M].北京:对外经济贸易大学出版社,2017:28.

③ 周瑾.中国文化元素对外传播中的运用[J].对外传播,2008(8):47.

④ 蔡艳艳.日本动漫对中国文化元素的运用及其启示[J].电影文学,2012(21):33.

中不断延续和发展的。民族文化也与此类似，民族文化的形成并不是一朝一夕，而是伴随着民族的发展而不断沉淀和更新。历史进程必然会对民族文化的类型、特质与特色产生多方面的、复合的影响。另外一点虽然众所周知但是需要在此特别提出的是，中华民族是世界众多文明形态中延绵数千年但是从未中断的文明，可以说，中华民族在数千年的发展史中，一方面保持固有的形态和特质，另一方面又不断吸纳和创新，在与其他民族文化交流碰撞的过程中，不断吸收新的文化滋养。在这样一种民族发展状态下的民族文化，必然具有一些与之相类似或者步调一致的特征与特点。因此，中华民族文化具有高度的延续性和传承性，在这种延续性和传承性的基础上，又保持一定程度的稳固性，但这种稳固性并不排斥客观上存在一定的开放性和包容性。所以，我们的中华民族文化在传承繁衍的过程中，实质上也是一个革故鼎新、有所继承有所扬弃的过程，既包含了对历史沉淀的坚守，同时也包含了对异域外来文化的适当吸收。

在对中华民族文化作如上分析的基础上，现在我们对于中华文化元素的民族属性有了更加精准和深入的认识。中华文化元素其显著性特征，就是它是中华民族所独有的，它是中华民族儿女在漫长的历史过程中生产和生活经历与经验的积累和升华；它能够反映我们民族独特的、整体性的生活方式、价值观念与集体心态；它同时也是我们与其他民族或者族群的重要区别标志，又是我们塑造和构建中华民族的民族认同与族群共同体的有效黏合剂之一；但是，同时我们应注意到，中华文化元素的形成并不是一蹴而就也不是一成不变的，在今天得到中国人集体认同的文化元素，它在历史上可能来源于不同的时期、产生于不同的地域和群体，甚至还有一种不可忽视的现象，不少文化元素源自历史上中外文化的融合或者外来民族文化与中华文化的碰撞。正如前文对中华民族文化的分析，中华文化元素的民族性必然含有历史性、传承性、稳固性、包容性和开放性等特征。这同时也是我们对中华文化元素这一核心概念进行界定的关键指标，可以说，这几个指标清晰明确地呈现和展示了中华文化元素概念界定的基本框架和主要范围。本部分对中华文化元素民族属性的精准定位，对于研究主题即探讨"一带一路"建设与中华文化元素对外传播的互动起到了重要的辅助支撑作用。无论是借助于"一带一路"推进中华文化元素的对外传播，还是通过中华文化元素对外传播助力"一带一路"建设，两者中一个关键点便是立足于中华文化的主体性或自主性，换言之，也就是坚持中华文化的民族性，这是推动中外文化交流的根本立足点。

在一定程度上民族性体现为在国际文化碰撞交流乃至竞争过程中的核心价值和竞争力。在"一带一路"建设中，中华文化元素的民族性能够在复杂多变、充满文化隔阂乃至文化仇视心态的地域性国际文化环境中，为中华文化走出去提供一定程度的抗风险能力。当前，在整体性和长期性的全球化趋势之下，全球范围内的文化交流与合作，实际上在一定程度上具有国际经济合作相同的特征，亦即市场化。国际文化交流的市场化也就意味着是某种程度上的淘汰制，竞争力不足或者抗风险能力不强的民族文化在国际市场上，其地位与话语权被其他强势文化所压制，甚至面临被剥夺的风险。而强势文化则与经济实力互为表里，强势文化必然带来其经济价值的增强，而经济实力的强大则反过来能够创造强大的文化市场。因此，对抗和抵御这种国际文化市场风险的关键在于自身民族文化的自主性和坚强生命力，以防止外来强势文化的同化、侵蚀乃至打压。中华文化因其鲜明的民族特质，自成系统，在外来文化面前能够保持较高程度的自主性和完整性。

第二，我们需要进一步关注到中华文化元素的符号属性。学者将其赋予"符号""形象"等意义，这正与"元素"这一概念定义的要求相符。按照朱麟的看法，"符号是人类创造的、约定俗成的、对个体具有强制性的、表达人类思想的工具"[①]。而文化符号正是众多符号系统中的一个具有独特属性的类别，"文化符号是一个抽象概念，是人类经验的交织，它是一个国家、一个民族或者一个地域区别于其他国家、其他民族或其他地

---

① 朱麟.对外传播视野下的中华文化元素符号的研究[M].北京:社会科学文献出版社,2014:21.

域的文化内涵的载体和形式"①。文化必然具有一定的内涵，以及在这种内涵基础上所产生的民族特质，而体现这种内涵与民族特质的，正是具有抽象意义的符号。符号作为一种载体和形式正是通过抽象的方式来表达其所蕴含的丰富的、具有阐发性的内容。中华文化素以博大精深著称，在中华文化的对外交流上，这种民族文化的特征优势在某种情况下也存在转化为劣势乃至成为负担的情况。这种博大精深的民族文化特征，无论是对于仅仅尝试了解中华文化还是深入研究中华文化内涵意蕴的异文化民族而言，是一个难以理解和掌握的异文化系统。中外之间的文化差异或者文化鸿沟在一定程度上加深了彼此之间的误解，增加了互相高效沟通的难度。有鉴于此，笔者提出中华文化元素这一概念，实际上是将较为繁复且具多样化、变动性较强的文化系统简化为通俗易懂、易于接受的具有高度抽象特征的文化元素。这种文化元素以简化的方式表征内涵丰富的中华民族文化，这在中华文化走出去的过程中无疑是一种可取的途径和方式。在现实的中外文化交流中，国外民众正是通过这种抽象的中华文化元素来认识和看待中国人。

文化符号的两个紧密相关的特征值得我们特别关注，其一，文化符号是人为创造的，具有一定的可塑性，是人的主观意志的体现；其二，文化符号同时又具有一定的固定性和稳定性，通常是约定俗成的表达方式，一旦形成容易产生认知固化，很难在短期内重塑或改造。虽然文化符号是人为创造的，且是人的主观意志的体现，但是在其形成之后，便不以人的主观意志为转移，具有相对的主体性、独立性和完整性。考虑到中华文化文字系统的表意与象形兼具的特征，和中华文化系统的悠久性、传承性、稳固性等特征，使得中华文化元素的符号性特征更加鲜明且突出。文字系统既是文化符号体系的重要组成部分，同时也是某些文化符号的表现形式，还是文化符号的众多表达形式中最为常见的一种。汉字作为中华文化的主要表现形式和中介，是一个迥异于其他民族文字系统的独特体系。作为一

---

① 朱麟.对外传播视野下的中华文化元素符号的研究[M].北京:社会科学文献出版社,2014:30.

种中介文字工具，汉字对于大部分的其他民族民众而言，是一种难以短时间内掌握的文字，换言之，因语言文字差异所造成的文化鸿沟大大降低了中外文化交流之间的效率。文字系统之间的差异，在一定程度上还意味着认知方式、思维方式、民族心理、观念态度等方面的显著差异乃至处于截然相反的状态之中。这是我们处理中外文化交流问题过程中无法回避且必须正视的问题，文字差异与文化差异问题是客观存在的，因此，积极面对且主动创新方式方法予以解决是可取的途径。某一民族的文化在一定意义上是自成系统的，它与本民族的历史背景、发展进程、地理环境、生活方式、生产形态是紧密相连的。因此，当两个具有差异的民族文化相遇，实质上是两个彼此不同的文化系统碰撞交流，差异性的存在当然会使彼此之间产生一定的好奇、求异心理，也就是客观上存在着交流的需求。但是在更普遍的情况下，彼此之间因差异而引起的误解、歧见、纷争更是广泛的存在，且这种不友好的态度在将来相当长的时间内难以消除。两个存在差异性的文化系统的民众在相互交往的过程中，首先是通过某些简单化、固定化的文化符号来给予彼此定义和认知。这基本上是跨文化交往中的普遍规律，这一规律值得我们重视，从中华文化中提取中华文化元素这一概念正是对这一时间规律的总结、凝练和升华。

笔者曾就中华元素与社会主义文化产业这一问题进行深入专题研究，其中对于中华元素这一概念予以学理上的界定："中华元素是指来自中华传统文化，与其他国家和地区形成差异化、凸显中华民族特色的相关文化要素，是在长期的历史发展过程中逐步积淀而成，具有长期延续性、时代性和国际性的事物、现象和精神，是一种积极正面的符号与精神形象。"[①]上述定义对中华元素做了一个较为全面细致的界定和规范，大致囊括了中华元素所涉及的相关方面和领域，既包括其形成过程，又归纳其具体表征，还指明了其表现形式。随着研究的持续和不断深入，笔者拟对这一概念进行一定程度的调整、补充，使其更为简化、凝练。故此提出，中华文化元

---

① 陈志超.中华元素与社会主义文化产业的建设[M].合肥:合肥工业大学出版社,2017:56.

素是指中华文化中具有高度凝练性、典型性、代表性，富有中国风格，蕴含中国精神，包含中国智慧，能够展现中华文化精髓的"象征符号"。

在笔者对中华文化元素的上述定义中，首先，将其界定为一种象征符号，这是在充分考虑到中华文化元素是中华文化系统的抽象代表这一特征所下的定义。对中华文化元素赋予符号属性，从学理上来看恰好符合符号学的要求与特征，"符号就是在一个特定的文化环境内，大家对一定对象的记号，符号是意义的载体，是一种被人们感知的客观形式"①。与此相对应，中华文化元素，是在中华民族这一特定的文化环境内，社会大众对这一民族外至地理环境、衣食住行，内至认知观念、精神面貌的记号，所了解的极为丰富且复杂多样的意义，且这一文化元素一旦确定并形成，就具有相对稳定的客观形式。作为一种象征符号，它可以以一种最简单的形式简化人们对于复杂文化现象的认知和观感，虽然其表征着内涵丰富的背景现象，但是并不影响其高度抽象和凝练的形式，换言之，不会伴生认知障碍以及可能生发的误解和歧见。其次，将其界定为一种象征符号，其本身必然意味着中华文化元素具有高度凝练性、典型性和代表性等特征。此处所谓的高度凝练性特征是指，中华文化元素的文字表达形式高度简化，往往一个词语甚至单独一个字便能指代一个文化现象群，如儒家思想中的"仁"，它作为一种精神文化符号，可以指代数千年来儒家的政治思想和人文思想的丰富内涵。

二、中华文化元素与中华文化的辩证关系

前文通过梳理学界的相关概念界定，根据本书的研究实际和需要，将中华文化元素界定为，中华文化元素是指中华文化中具有高度凝练性、典型性、代表性，富有中国风格，蕴含中国精神，包含中国智慧，能够展现中华文化精髓的"象征符号"。接下来，我们需要进一步讨论和分析的是

---

① 朱麟.对外传播视野下的中华文化元素符号的研究[M].北京:社会科学文献出版社,2014:14.

中华文化元素与中华文化的关系，对于本研究而言，这是一个看似简单却又无法回避的问题。首先我们要充分认识到，在中外文化交流的理论研究上，提出中华文化元素这一概念的可行性和必要性。关于可行性，其主要体现在文化元素这一概念不仅在学术理论上、逻辑合理性上均得到学界相关学者的研究认可，基本上成为一种被广为接受的学术用语，同时，就学术研究的实际情况来看，文化元素也被众多学者当作一种固定的学术用语在广泛、重复地使用。甚至可以说，文化元素这一概念或者学术用语，已经习以为常地、普遍地被运用于学术界以及官方政策文件之中。关于必要性，其主要体现在如下几个方面：在某些特定的场合和特殊的表达场域，中华文化元素比中华文化这一概念更具适用性，能够满足研究者特定的研究方式和研究目的、意义。换言之，中华文化元素在某些研究文本中，对于中华文化这一概念具有替代性，能够更加清晰、明确地表明内涵。而且，能够给其他民族对本民族文化留下深刻影响的文化元素，大部分也是某些固定的、被广泛传播的。这一现实情况，也能够在理论上得到认知理论的印证和支撑。对于某些庞大且复杂的系统性认知对象，观察者的基本认知来自大体印象，而这些大体的印象往往体现为个别的概念。随着个别概念的累积和增加，其结果呈几何性增长，逐渐建构整体且全面的认知印象。而这种整体的认知印象在观察者的认知系统中，往往可以拆分或者解构为若干具有典型性的、关键性的个体概念。上述认知理论和认知规律，在用于其他民族尝试了解中华文化的情况下也是十分妥帖和恰当的。他们对于中华文化的认知往往也是始于若干具有代表性的关键文化元素，即使在他们对中华文化形成了整体性、全面性认知的情况下，支撑其整体性和全面性认知的通常也是那些具有代表性的关键文化元素。综上，在对中外文化交流实践进行理论升华和学术探讨上，在中华文化这一概念的基础上，提出中华元素这一概念，具有现实实践和学术理论上的必要性和可行性。

第三节　学界研究现状回顾

自2013年9月和10月，习近平总书记分别提出建设"丝绸之路经济带"和"21世纪海上丝绸之路"的合作倡议后，"一带一路"建设引起了国内外学界的广泛关注，来自不同研究领域的专家学者从多元化视角围绕着"一带一路"倡议展开多维度研究。从文化交流与传播视角对"一带一路"建设进行研究是学界的一个热门领域，目前研究成果丰硕，关注点较多。本研究拟整合现有相关研究成果，从中华文化元素、"一带一路"与中外文化交流、"一带一路"与文化产业进行梳理，希冀对"一带一路"建设中的中华文化元素对外传播研究做一些有益探索。

一、中华文化元素

中华文化元素这一概念是近年来学界新兴的研究概念，中华文化在全球范围内的传播逐渐受到关注，但相对而言，其研究成果仍十分有限。目前中华文化元素的定义、类型、中华文化元素与中华文化的关系以及"一带一路"与中华文化元素传播的关系方面尚未得到学界广泛讨论。而且一些文章虽运用这一个概念，但并未对此进行释义，结果造成概念的模糊化。本研究试图对当前学界关于以上问题的观点进行梳理，以期推进这一问题探究不断走向深入。

1.中华文化元素的概念

关于中华文化元素的定义，著名文化史学者冯天瑜对此进行了细致的剖析，"'元'意谓本源、本根，'素'意谓未被分割的基本质素，合为二字词'元素'，原为化学术语，在现代语用实践中，'元素'这一自然科学术语被广为借用，泛指构成事物的基元，这些基元及其组合方式决定事物的属性。'文化元素'指历史上形成并演化着的诸文化事象中蕴藏的富于特色、决定文化事象性质的构成要素。"[1]冯天瑜进而提出中华文化元素是"中华民族在千百年的历史进程中（包括在与外域文化的交会中）铸造的具有中国气派、中国风格、中国韵味的基本质素。"[2]陈志超提出中华文化元素是一种象征符号，认为"中华文化元素是指中华文化中具有高度凝练性、典型性、代表性，富有中国风格，蕴含中国精神，能够展现中华文化精髓的'象征符号'"[3]。朱麟也从符号学的角度对中华文化元素定义为："中国文化元素指的是那些具有中华民族文化精神，能够体现中华民族形象、符号、风俗的元素，其中既包括传统的，也包括现当代的。"[4]

2.中华文化元素的分类

陈志超在总结中华文化元素定义的基础上，根据文化的分类标准进一步对中华文化元素进行分类，认为可大致将中华文化元素分为四个类别："第一，物质文化元素；第二，制度文化元素；第三，行为文化元素；第四，精神文化元素。"[5]冯天瑜也认为"中国文化的各个不同级次、不同门类包含着各具个性的中华元素"，并从微观层面将中华文化元素分为"汉字、儒教、教育制度、律令制、佛教、技术等"[6]。

3.中华文化元素与中华文化的关系

中华文化元素与中华文化密不可分，就二者关系而言，冯天瑜认为中华文化元素蕴藏于中华文化之中。他指出，中华文化元素"生长发育于中华民族生活方式、思维方式中，蕴藏于中华民族器物文化、制度文化、行为文化、观念文化中"[7]。陈志超对二者关系的判断则更侧重于文化传播的

① 冯天瑜.如何提取和开掘"中华元素"[N].北京日报,2013-04-08(20).

② 冯天瑜.如何提取和开掘"中华元素"[N].北京日报,2013-04-08(20).

③ 陈志超."一带一路"建设中中华文化元素传播策略探究[J].牡丹江师范学院学报,2020(1):14.

④ 朱麟.对外传播视野下的中华文化元素符号的研究[M].北京:社会科学文献出版社,2014:10.

⑤ 陈志超."一带一路"建设中中华文化元素传播策略探究[J].牡丹江师范学院学报,2020(1):14.

⑥ 冯天瑜.如何提取和开掘"中华元素"[N].北京日报,2013-04-08(20).

⑦ 冯天瑜.弘扬光大中华文化元素[N].人民日报,2016-01-21(07).

角度，他认为，"从理论上来看，中华文化与文化元素有整体与部分，抽象与具象之分。就文化对外传播的实践而言，中华文化的对外输出最终落在具体的文化元素的对外传播上，例如中国的武术文化，大多是通过功夫以及功夫人物如李小龙展现在海外民众面前。整体的文化输出在实践上不具可操作性，而个体的文化元素则可以依托一定的形式进行跨国传播"①。

4.中华文化元素的价值及其与"一带一路"的关系

冯天瑜对中华文化元素的价值给予高度评价，他指出，"中华文化元素是构建当代中华文化的基本成分之一，是塑造国家形象、提升国民精神的重要资源。开掘并弘扬中华文化元素，有助于加深中华文化对国人的感召力、亲和力，促使人们增强历史敬畏感和时代使命感，提升民族自信心和传承创新中华文化的自觉性。此外，通过发掘蕴含着中华文化元素的文化事象、文化符号，彰显可亲可敬的中国风格，并将其传播给异域受众，可以推动中华文化'走出去'"②。刘路认为运用和传播中华文化元素的意义在于：一是顺应当今"地球村"潮流化的需要，二是国家形象提升的需要，三是坚持科学发展的需要。③陈志超认为，中华文化元素具有传播导航灯的作用，中华文化元素传播在"一带一路"国际合作中的地位体现在几个方面：它是文化先行的题中应有之义，也是互联互通的"润滑剂"与"催化剂"。并对这一观点作出进一步阐释："一方面，通过润滑剂能够减少彼此之间的摩擦，另一方面，通过催化剂，能够为彼此之间的合作带来一些意想不到的'化学效应'，发挥乘数叠加的效果。"④这一观点率先将中华文化元素与"一带一路"联系起来，明确了中华文化元素在对外传播过程中的价值与地位。

---

① 陈志超."一带一路"建设中中华文化元素传播策略探究[J].牡丹江师范学院学报,2020(1):15.

② 冯天瑜.弘扬光大中华文化元素[N].人民日报,2016-01-21(07).

③ 刘路.外宣工作中中华文化元素的价值认知与资源开发[J].理论与改革,2009(5):94-95.

④ 陈志超."一带一路"建设中中华文化元素传播策略探究[J].牡丹江师范学院学报,2020(1):17-18.

二、"一带一路"与中外文化交流

"一带一路"与中外文化交流问题颇具理论价值与现实意义。自"一带一路"倡议提出后，其承载的中外文化交流得到学界的广泛讨论与关注，目前已成为学界研究热点方向。总体来看，学界关于这一问题的讨论，主要围绕"一带一路"建设下开展文化交流的意义、"一带一路"建设下文化交流存在的问题、"一带一路"建设下文化交流的实现路径三方面。

1."一带一路"建设下开展文化交流的意义

开展文化交流，促进文化传播对"一带一路"建设的发展有着重要意义，学界对其意义的阐述主要有以下观点。

第一，促进国家间政治互信，维护和平发展的国际环境。陈雪茹、杨丽认为，文化交流是两国人民交往中进行文化互通、增强彼此了解的重要途径，同时，向世界各国人民展示中国未来发展方向，表明中国的发展态度、理论、制度等，让中华民族上下五千年的悠久历史文明和中国的文化底蕴为世界所知道，坚定中国和平发展的态度，维护中国的大国形象，为中国和平发展营造一个良好的国际环境。[1]赵梅艳从中外政治互信的角度来剖析这个问题，她认为，加强中外文化交流，有助于深化我国与沿线各国间的政体选择认识，进一步促进中外政治互信。[2]张慧娟也持相同观点，她认为，文化交流与共享对政治互信的影响主要体现在两个方面：首先，文化交流与共享给我们认识不同的国家提供了一个很好的契机，有利于凝聚共识。其次，随着国家政府之间合作不断增多，文化交流与共享也成为

---

[1] 陈雪茹,杨丽."一带一路"背景下的中外文化交流现状及分析[J].现代商贸工业,2018(27):29-30.

[2] 赵梅艳."一带一路"背景下推动中外文化交流的路径选择[J].中华文化论坛,2016(10):143.

各国家之间官方合作的重要方式。①

第二，促进各国文明复兴。隗斌贤认为，通过文化传播扮演开放、合作、纽带和共同发展的角色，在政治、经贸交往中传播中和、泰和、和而不同、天下大同的理念，将中华文明复兴的历史使命内化到世界文明发展之中，以"中国智慧"丰富人类文明。②进行文化交流可以将本国的优秀文化推送到世界的舞台上，向世界展示中国的大国实力和文化底蕴，同时也能够了解其他国家的优秀文化，将整个人类社会的优秀文化统一，在此基础上进行创新和创造，推动人类文明日后的发展。③

第三，增进中国与其他国家人民的感情。隗斌贤强调了民心相通的重要性，从而指出开展文化交流的必要性。他强调，"一带一路"沿线跨度大、地域广、人口多、文化差异大，多民族、多宗教集聚，政治立场、利益诉求、行为模式都存在差别，这就决定着在"一带一路"倡议实施过程中，与技术、设施、规划等因素相比，思想、认识是最为困难的，最大的挑战来自民心工程的建设。而实现民心相通，首要而有效的手段就是文化传播与交流合作。④赵立庆认为，文化交流是发展"一带一路"的民心纽带，积极发展文化交流可以使"一带一路"沿线各国人民感受到中国的发展诚意，感受到中华民族经典文化的博爱宽广。文化交流是"一带一路"发展的润滑剂和助力剂，可以吸引各国人民增强对于"一带一路"的认识和兴趣，使"一带一路"的发展能够跨越民族、语言、制度及文化的障碍，增进各国人民之间的情感维系。⑤

第四，促进国家间经济贸易往来。赵梅艳认为，加强中外文化交流，能够有效促进贸易发展。历史上著名的几次跨区域性质的经济贸易合作都

---

① 张慧娟."一带一路"倡议下文化交流与共享研究[J].中国报业,2019(10):34-35.

② 隗斌贤."一带一路"背景下文化传播与交流合作战略及其对策[J].浙江学刊,2016(2):215.

③ 陈雪茹,杨丽."一带一路"背景下的中外文化交流现状及分析[J].现代商贸工业,2018(27):29.

④ 隗斌贤."一带一路"背景下文化传播与交流合作战略及其对策[J].浙江学刊,2016(2):216.

⑤ 赵立庆."一带一路"战略下文化交流的实现路径研究[J].学术论坛,2016(5):144.

是在文化交流的基础上展开的。①张慧娟认为，各国家之间文化交流可以加强相互之间的了解，增进相互之间的信任。各国的文化交流拓宽了国际市场，推进经济贸易发展，一定程度上降低了贸易过程中的风险与不确定性。②

第五，促进国家间交往、合作与共享。赵立庆认为，"一带一路"沿线国家在不同的发展领域各有所长，通过文化交流可以使各国的智力资源得到传递，让本民族的智力资源惠及世界人民，实现人类文明成果的互通有无和发展创新，从而推动"一带一路"的深入发展，促进人类社会的进一步融合与繁荣。③隗斌贤认为，通过跨文化传播与交流把文化的差异性当作互鉴共荣的资源，并使之成为政治、经贸、军事、社会等各领域交流与合作的"润滑剂""催化剂"。④

第六，有利于我国文化软实力的提升。赵立庆认为，通过文化的多元化交流，各国人民会发现中华文明既有特色，又兼具世界性、时代性与先进性，从而加强与我国的文化交流合作。一方面促进我国国内文化产业的创新发展；另一方面也能够使中华民族的传统文化更好地推动世界文化的共同繁荣，使我国的文化软实力得到有力的提升，增强我国的综合国力，使中华民族以更从容的姿态面向世界。⑤姜佳好、姜文认为，推动中华文化"走出去"，提升中华文化的海外吸引力，充分发挥文化的积极促进作用，是中国更好地融入世界和影响世界的重要途径。⑥

以上观点从多个角度对"一带一路"倡议下，开展文化交流的意义进行了深入的研究，论点鲜明，学理性强，充分表明了开展文化交流的必要

---

① 赵梅艳."一带一路"背景下推动中外文化交流的路径选择[J].中华文化论坛,2016(10):144.

② 张慧娟."一带一路"倡议下文化交流与共享研究[J].中国报业,2019(10):34.

③ 赵立庆."一带一路"战略下文化交流的实现路径研究[J].学术论坛,2016(5):145.

④ 隗斌贤."一带一路"背景下文化传播与交流合作战略及其对策[J].浙江学刊,2016(2):215.

⑤ 赵立庆."一带一路"战略下文化交流的实现路径研究[J].学术论坛,2016(5):145.

⑥ 姜佳好,姜文.浅谈"一带一路"背景下中华文化如何"走出去"[J].吉林省社会主义学院学报,2019(2):36.

性和重要性。

2."一带一路"建设下文化交流存在的问题

文化交流对"一带一路"有着重要作用，然而其价值实现过程却非一帆风顺。"一带一路"视域下的文化交流存在着诸多问题与困境，这些问题制约了文化交流的发展，影响了交流的效果，因而成为学界关注的侧重点，其中主要包括以下几个问题。

第一，共性文化不足影响了文化交流效果。由于"一带一路"建设的地理距离跨度较大，沿线各国的政治、文化、信仰、语言等方面存在着一定的差异，缺乏共同的文化根基，经济发展水平也参差不齐，中国与沿线各国之间尚未形成共同的文化认知，给"一带一路"建设的推进工作带来了不利的影响。[①]赵立庆认为，由于"一带一路"涉及国家众多，文化面貌、生活环境、历史背景、宗教习俗等截然不同，因而找寻共性文化并非易事。尽管多元文化的交流能够促进"一带一路"的繁荣发展，然而面对不同国家在文化、观念、语言等多种巨大差异时，开展文化交流必定会遭遇阻碍，甚至引发分歧与误会。[②]陈雪茹、杨丽也意识到这一问题，将这一差异性整理为文化和宗教差异、政治体制差异以及经济发展不平衡等三方面问题。[③]祁伟运用数据分析这种差异性，详细列举了"一带一路"沿途六十多个国家的语言文字、宗教等状况。[④]

第二，国际互信体系尚未建立，影响文化交流的开展。赵立庆认为，目前，我国与"一带一路"沿线各国的文化交流还缺少稳固的国际互信体系的支撑，主要表现在以下几个方面：其一，沿线各国对于"一带一路"的科学决策还缺少了解。其二，"一带一路"沿线的很多地区和国家的国内政治环境十分复杂，多种矛盾错综交织。其三，由于各地区经济和文化

① 赵梅艳."一带一路"背景下推动中外文化交流的路径选择[J].中华文化论坛,2016(10):145.

② 赵立庆."一带一路"战略下文化交流的实现路径研究[J].学术论坛,2016(5):145.

③ 陈雪茹,杨丽."一带一路"背景下的中外文化交流现状及分析[J].现代商贸工业,2018(27):30.

④ 祁伟."一带一路"背景下跨文化交流的策略研究[J].重庆三峡学院学报,2016(6):88.

发展水平的巨大差距，以及一些发达国家与敏感区域之间千丝万缕的联系，都进一步增加了国与国之间的不信任，致使"一带一路"进程中的文化交流困难重重。其四，发展"一带一路"还要面对一些不稳定因素。"一带一路"沿线国家有一些还处于战火纷争之中，宗教极端主义、恐怖主义以及区域局势的紧张更加剧了一些国家的社会动荡。其五，仍然会有一些国家会忌惮中国的大国地位，不愿对我国付出信任，这在一定程度上阻碍了文化交流的发展。①赵梅艳也持类似观点，认为国际互信体系的缺失直接影响到中外文化交流的发展深度和广度，在一定程度上阻碍了"一带一路"的发展。②

第三，沿线部分国家文化产业基础薄弱导致中外文化交流不畅。赵梅艳认为，沿线一部分国家尽管有着丰富的文化资源，但由于缺乏硬件设施的支持，如文化产业园区、通信设备、交通建设、文化展示和交流平台等，甚至"一带一路"沿线的中亚和东南亚地区的一些国家的文化产业硬件建设处于空白状态，不仅无法实现文化产业的对外输出，同时，外部的优秀文化资源也难以进入，文化产业基础设施薄弱问题已成为制约我国与沿线国家文化交流与合作的重要障碍。③郑士鹏持相似观点，并加以补充："一带一路"沿线各国的国家法律以及文化产业发展政策存在不兼容的问题，"一带一路"兴起的时间较短，许多沿线国家还没有对此做出快速的反应，在政策与法规方面还缺少针对"一带一路"发展的具体细则，大量基础矛盾亟待解决。④

第四，文化交流方式单一，缺乏创新性。祁伟认为，文化天然自发的交流速度很慢，需要借助现代化的交流方式和交流工具来促进"一带一路"沿线国家之间的跨文化交流。但是在跨文化交流的方式中，中国更多

①赵立庆."一带一路"战略下文化交流的实现路径研究[J].学术论坛,2016(5):146.

②赵梅艳."一带一路"背景下推动中外文化交流的路径选择[J].中华文化论坛,2016(10):145-146.

③赵梅艳."一带一路"背景下推动中外文化交流的路径选择[J].中华文化论坛,2016(10):145.

④郑士鹏."一带一路"建设中文化交流机制的构建[J].学术交流,2015(12):144.

依靠"孔子学院"。①姜佳妤、姜文对这一观点进行补充,认为中国更多的是通过自身进行对外文化传播,没有与"一带一路"沿线的其他国家进行文化传播媒体搭桥。②

第五,高素质人才的缺失。姜佳妤、姜文认为推动中华文化"走出去"关键是要靠人才,就目前来看,我国在文化的各个领域的领军人才比较缺乏。同时具体指出中外文化传播方面的两类人才缺口,一是缺乏高水平翻译人员,二是通晓中华文化的国际型人才不足。"一带一路"沿线的64个国家复杂的民族关系和民族文化,在文化合作中出现了特色文化与外来文化的冲突现象,特色文化领域的人才缺失,让各国的特色文化交流困难重重。③

3."一带一路"建设下文化交流的实现路径

面对"一带一路"建设下文化交流存在的问题,如何探索出解决相应问题的良好路径成为学界的共同目标与追求。目前学界研究基于特殊与普遍的视野,既有通过提出"一带一路"建设下文化交流现存问题,进而根据相应问题提出解决措施的研究,亦有为促进文化交流的有效实现而对发展路径的直接研究,综合起来主要有以下观点。

第一,发展共性文化,探索文化交流交叉地带。赵立庆认为,"一带一路"发展进程中所面临的异质文化阻碍是客观存在,我们一方面要吸收异质文化的精华之处,同时也要找寻与各国文化的共同之处,使"一带一路"能够在各国文化的交叉地带做好文章。他指出"一带一路"沿线国家的共性文化在于:一方面,"一带一路"沿线诸多国家有着源远流长的佛教文化传统;另一方面,利用中华医学的文化魅力加强文化交流。④张慧

---

① 祁伟."一带一路"背景下跨文化交流的策略研究[J].重庆三峡学院学报,2016(6):89.

② 姜佳妤,姜文.浅谈"一带一路"背景下中华文化如何"走出去"[J].吉林省社会主义学院学报,2019(2):37.

③ 姜佳妤,姜文.浅谈"一带一路"背景下中华文化如何"走出去"[J].吉林省社会主义学院学报,2019(2):36.

④ 赵立庆."一带一路"战略下文化交流的实现路径研究[J].学术论坛,2016(5):146.

娟认为，艺术不分国界，可以运用多样的文化艺术形式进行交流。①杨萍提出要尊重文化差异，共建文化共识，只有在差异中寻求利益共同点和价值共识点，才能形成文化交流合作的前提。我国在对外文化交流中始终坚持各民族文化要"求同存异"。②

第二，积极推动国内外互信体系建设。赵梅艳认为，为了打消沿线各国对于我国所提出的"一带一路"建设的疑虑，应在文化交流中积极传播我国的思想，让各国充分认识中国。一是积极推动国际互信体系建设。二是针对"一带一路"沿线各国的文化特征和现实需求，通过文化产品的展示和交流使沿线各国更加了解中国，让其充分认识到我国所倡导的"一带一路"建设的目标是为各国人民谋福祉，以增进互信。三是要强化我国社会主义公民的诚信意识培育，建立健全国内的诚信体系。③

第三，大力建设国内文化产业，健全文化输出发展机制。郑士鹏认为，要重点加强我国文化产业的多元化发展，出台有利于文化输出的扶持政策，加强文化产业的财政投入，重点打造一批具有中国文化特色与时代特征并迎合市场需求的新型文化产业园，全力配合国家的对外文化交流活动。④张赞也提出要完善中国产业文化的监督指导机制，通过制度规范文化市场，引导文化企业树立积极、严谨、有文化的产品追求，增强文化产品的核心竞争力，确保文化产业健康发展。⑤

第四，向文化发展基础薄弱的国家伸出援助之手。赵立庆认为，中国应该帮助"一带一路"沿线其他国家，主要应该从以下几方面着手：第一，要加强对于落后国家的经济支持，为其提供必要的物质条件。其二，要将我国在发展文化产业过程中积累的经验和教训与各国人民一道分享，同时促进我国与各国各领域的经贸合作。第三，要为落后地区与国家输送

① 张慧娟."一带一路"倡议下文化交流与共享研究[J].中国报业,2019(10):35.

② 杨萍."一带一路"倡议实施过程中的文化交流困境及出路[J].福建教育学院学报,2018(1):39.

③ 赵梅艳."一带一路"背景下推动中外文化交流的路径选择[J].中华文化论坛,2016(10):147.

④ 郑士鹏.一带一路建设中文化交流机制的构建[J].学术交流,2015(12):116.

⑤ 张赞.浅析"一带一路"背景下多元文化的交流与传播[J].中国商论,2019(9):80.

先进人才。①祁伟也强调人才扶持，提出以人才建设积极支持"一带一路"建设的全面展开。②隗斌贤认为，中国要在对"一带一路"沿线国家文化基础设施建设进行调查、研究与整合的基础上，推动相关技术标准对接和示范性规则的制订，加快文化传播与交流合作基础设施，特别是互联网的互联互通，以文化创新、投融资和交易平台为核心推动创意研发、投融资与市场交易、遗产保护与利用、贸易与资源配送等文化传播服务平台建设，为促进沿线国家间文化传播与交流合作的深入开展提供基础支撑。③

第五，利用有效的媒体平台。陈雪茹、杨丽认为，利用政治、经济、文化等方面的媒体平台，定期公布"一带一路"在中国以及沿线合作国家中所取得的成果，宣传中国开展"一带一路"人文交流的目的和优越性，让想要与中国合作的沿线国家放下心中的戒备，重新与中国交好并开展相应的战略合作，实现战略共赢，彰显中国的大国实力和大国态度，赢得更多国际友人的信任和跟随。④

通过对以上观点的梳理，可以清晰地看到"一带一路"建设下开展文化交流的意义、存在问题、实现路径等方面研究的丰富性。以上学术成果呈现较高的学术性，同时具备一定的应用价值，对国家相关政策的制定具有参考意义。

三、"一带一路"与文化产业

随着我国经济的发展，发展文化产业已经上升为国家战略，大力发展文化产业成为我国经济转型升级的重要抓手，对提升中国文化软实力和国际影响力具有重要意义。结合"一带一路"建设，文化产业是"一带一

---

① 赵立庆."一带一路"战略下文化交流的实现路径研究[J].学术论坛,2016(5):147.

② 祁伟."一带一路"背景下跨文化交流的策略研究[J].重庆三峡学院学报,2016(6):91.

③ 隗斌贤."一带一路"背景下文化传播与交流合作战略及其对策[J].浙江学刊,2016(2):217.

④ 陈雪茹,杨丽."一带一路"背景下的中外文化交流现状及分析[J].现代商贸工业,2018(27):29.

路"建设中的重要突破口，发展文化产业具有重要作用。因而学界对此问题给予较多关注，亦主要从价值意义、现存问题与实现路径等方面进行讨论研究。

1."一带一路"建设下发展文化产业的意义

第一，促进沿线国家增进相互了解和加强经贸合作。霍文慧、姜莉认为，文化产业发展将促进更多沿线国家的认同，吸引其加入这个国际平台，扩大合作规模，进而助力沿线国家产业转型升级，最终推动其经济持续发展。[1]公丕明认为，在整合国内文化产业的基础上，同沿线不同国家民族展开文化交流合作，促进文化产品服务、文化要素跨国、跨地区流动，发挥文化先行前置和奠基石作用，进一步深化与沿线国家的文化交流与合作，可以增进各文明间的相互了解以及亲近感和认同感，促进经济贸易合作与发展。[2]

第二，推动产业结构优化升级。公丕明认为，"一带一路"倡议实施为文化产业发展带来了政策、资金和人才等方面的有利因素，依托这些因素，抓住重大发展机遇，不断优化文化产业的贸易结构，提升文化产业"走出去"的能力，推进文化产业拓展国际市场，有利于提高第三产业的比重，从而推动产业结构优化升级。[3]李孝敏认为，文化产业有利于资源的整合。充分发挥文化产业在"一带一路"建设中的先发优势，在"一带一路"的框架下，在全球范围内整合配置产业资源，按照产业分工与整合的内在规律，合理规划产业布局和产业链定位，不断在高端、战略产业链整合中占据主动权，从而激活周边，辐射全球。[4]

第三，促进沿线国家文化认同。霍文慧、姜莉认为，"一带一路"沿线国家在核心文化、社会习俗、价值理念及宗教信仰上存在差异，因此，促

---

① 霍文慧,姜莉."一带一路"战略下我国文化产业发展探析[J].商业经济,2017(5):2.

② 公丕明."一带一路"建设中文化产业国际化发展研究[J].学术探索,2018(7):128.

③ 公丕明."一带一路"建设中文化产业国际化发展研究[J].学术探索,2018(7):128.

④ 李孝敏."一带一路"背景下我国文化产业拓展探析[J].求实,2016(7):68.

进多元文化协调融合是"一带一路"推进的首要关注点。①李孝敏认为，文化产业有利于促进民心相通，只有通过文化产业的发展，文化资源的流动、融合、共生与竞争，多渠道的双边或是多边合作，才能形成共识，达成认同，共同打造文化互认、政治互信、经济互融、产业互容的利益共同体。②

2. "一带一路"建设下文化产业存在的问题

第一，中国文化产业的自身问题。李玉娟认为，中国文化产业存在区域发展不平衡、软硬件设施建设不足、文化产业结构不合理、文化产业对外发展处于初级阶段等问题，这些自身问题制约了文化产业走出去。③李孝敏认为，中国文化产业存在区域发展失衡、文化产业供给侧有待调整、文化产业拓展结构不合理、文化产品出口亟待提振等问题。④

第二，文化产品的局限性。我国文化产业起步晚，发展还不成熟，虽然文化产品种类繁多，但尚未形成有足够国际影响力的文化产品和品牌。⑤张春胜等认为，中国文化的传播渠道较为单一，主要表现为以下两个方面：一是过分依赖大众媒体，其官方、规范的特性使得传播的内容过于僵化，这就容易给文化的体验者造成一种紧张和压迫感，从而造成公众对中国文化理解上的偏差。二是中国文化产品的产业链不完整，产业链上下游没有充分地整合，这将直接导致中国文化产品有生产无消费。⑥

第三，市场具有局限性。沈晓华认为，沿线部分国家经济欠发达，影响民众消费文化产品。沿线有的国家还相对贫困，甚至在贫困线以下，有的国家，人们的温饱都成为问题，不需要更多的文化产品。同时他指出，

---

① 霍文慧,姜莉.一带一路"战略下我国文化产业发展探析[J].商业经济,2017(5):1.

② 李孝敏."一带一路"背景下我国文化产业拓展探析[J].求实,2016(7):68.

③ 李玉娟."一带一路"战略下中国文化产业对外发展研究[J].改革与战略,2017(6):67.

④ 李孝敏."一带一路"背景下我国文化产业拓展探析[J].求实,2016(7):68-69.

⑤ 公丕明."一带一路"建设中文化产业国际化发展研究[J].学术探索,2018(7):130.

⑥ 张春胜,王朝晖,温敏真."一带一路"倡议下中国文化产业走出去路径探究[J].中国商论,2018(20):156.

沿线国家文化差异大，不利于文化产业走出去。①公丕明认为，全球经济持续下行对文化消费市场产生不利影响，"一带一路"沿线许多国家整体经济情况较差，在基础设施建设方面存在困难，更不必说文化消费了，民众生活水平低，恩格尔系数比较高，严重影响了其对文化产品的消费。②

第四，复合型人才缺乏。公丕明认为，在"一带一路"背景下发展文化产业，需要既具备文化艺术素养，同时又具有创新能力，既懂中国文化，又懂得当地国语言和文化的复合型国际人才；需要既了解当地经济政治情况，又懂得国际贸易，既了解文化产业发展规律，又具有文化企业的资产运作、经营管理、品牌打造等方面的驾驭能力的文化人才。然而，我国此类文化产业人才规模较小，专业素质有待提高，这方面人才的缺乏，难以满足我国文化产业倡议实施以及"走出去"的需要。③

3. "一带一路"建设下文化产业的发展路径

第一，我国政府应为文化产业进一步发展创造良好环境。刘思伟认为，政府应借助"一带一路"建设的产业布局和区域发展规划，依据各地文化特色和产业优势，在"一带一路"沿线的主要城市建立特色文化产业集群，适度开放文化市场。同时，政府应大力推动传媒机构利用多样化国际传播渠道，对中国及相关国家和地区的社会、文化、地理、历史等情况进行科学有效的传播。④公丕明认为，应发挥政府主导作用，在充分利用各区域文化产业资源亮点和比较优势基础上，以新发展理念为指导做好政策研究工作，制定政府、企业、民间进行文化交流互动的中长期战略规划，做好"一带一路"总体布局下节点城市的产业发展规划，丰富与发展文化交流合作的内容、方式以及渠道。⑤

---

① 沈晓华."一带一路"背景下中国文化产业走出去的路径探讨[J].吉林工商学院学报,2018(4):111.

② 公丕明."一带一路"建设中文化产业国际化发展研究[J].学术探索,2018(7):131.

③ 公丕明."一带一路"建设中文化产业国际化发展研究[J].学术探索,2018(7):130.

④ 刘思伟."一带一路"大背景下我国文化产业发展的思考[J].教育传媒研究,2016(3):24.

⑤ 公丕明."一带一路"建设中文化产业国际化发展研究[J].学术探索,2018(7):131.

第二，了解沿线国家文化消费需求，制定相应发展战略。沈晓华认为，中国文化产业要想走出国门，就必须了解输入国的文化需求。由于各个国家意识形态、国家政策、风俗习惯、消费能力等各不相同，所以在输出文化产品时要具有不同的针对性，因国因地而作出变更，只有深入全面地了解才能作出最好的决策。[1]霍文慧、姜莉认为，应深化文化产业供给侧改革，适应沿线国家文化消费市场。[2]

第三，加强政府间的交流合作，带动文化产业走出去。沈晓华认为，加强与沿线国家的文化产业交流还需要有国家的顶层设计这一"火车头"带动，需要政府间的合作给文化交流提供稳定可靠的平台，政府间制定的相关合作协议、中长期的战略合作计划以及政府间的年度文化合作项目等，给文化产业迈出国门提供保障。[3]

第四，完善文化产品渠道建立强大的文化产业服务体系。张春胜等认为，要着力实现文化产品走出去渠道多元化，中国文化产业想要在沿线国家生根立基，需要多种渠道作用，既需要政府间进行正式的文化交流对话和文化产品贸易，又需要民间组织如企业和社会组织的通力合作，建设多元的文化产品渠道。[4]刘思伟认为，文化产业机构应坚持创新和精品战略，完善产业链布局，积极开拓海外市场。[5]

"一带一路"建设中中华文化元素对外传播研究，首先必须厘清"一带一路"建设与中华文化元素的概念及其相互联系。其次，文化传播与发展作为"一带一路"建设的重要环节与策略，在"一带一路"背景下，必然从中外文化交流上升到建设文化产业。这不仅是中华优秀传统文化与中

---

[1] 沈晓华."一带一路"背景下中国文化产业走出去的路径探讨[J].吉林工商学院学报,2018(4):112.

[2] 霍文慧,姜莉."一带一路"战略下我国文化产业发展探析[J].商业经济,2017(5):2-3.

[3] 沈晓华."一带一路"背景下中国文化产业走出去的路径探讨[J].吉林工商学院学报,2018(4):112.

[4] 张春胜,王朝晖,温敏真."一带一路"倡议下中国文化产业走出去路径探究[J].中国商论,2018(20):158.

[5] 刘思伟."一带一路"大背景下我国文化产业发展的思考[J].教育传媒研究,2016(3):24.

国智慧厚积薄发的力量，亦是当前推动人类命运共同体、实现人类共同发展的必要所在。最后，分析探讨"一带一路"背景下中外文化交流、文化产业的价值意义、现实困境、对策研究，进行理论分析与实践合作相结合，集思广益、融汇共谋，必将深入推动"一带一路"建设中中华文化元素对外传播研究，深化"一带一路"建设，推进中华文化发展，实现天下大同。

第一章　当前中华文化对外传播面临的挑战与困境

　　"一带一路"倡议的提出，是中国加快走向世界的主动作为，为以中华文化为核心的中国文化软实力的国际传播提供了聚焦点和发力点。但是"一带一路"背景下中华文化的对外传播综合性强，涉及面广，所以当前中华文化元素对外传播也面临着诸多挑战与困境，而这是由多方面原因所造成的，主要体现在中华文化对外传播机制不健全、西方文化霸权与文化差异、地缘政治冲突及"中国威胁论"的负面舆论影响、经济发展不平衡等方面。

第一节　中华文化对外传播机制不健全

　　中华文化的国际传播是在党的十八届三中全会提出的，即"扩大对外文化交流，加强国际传播能力和对外话语体系建设，推动中华文化走向世界"。但是与发达国家相比，中华文化国际传播目前总的来看仍处于初级阶段，热情高，效果小，投入多，产出少。究其原因，主要是因为中华文化对外传播的机制还不健全。虽然中国的文化体制改革已取得显著成果，但尚不能说已建立起完善的支持文化"走出去"的政策体系，也未形成完善的运行机制，这在一定程度上阻碍了中华文化对外传播的进程。

　　第一，我国在文化产业发展方面的法律法规不太完善，对于文化产业发展的规范性不足，致使文化产业市场的监管较为混乱，难以产出高质量的文化产品。第二，我国对外文化产业投资缺乏相应的政策指导和扶持，文化产品的品牌意识不足，文化产品科技含量低，产品的层次和质量有限，加之缺乏高端文化产业人才，文化资源开发程度不高，难以将文化资源转化为文化资本，导致我国文化产业在国际市场上处于弱势地位，阻碍了中华文化在"一带一路"沿线上的对外交流和传播。第三，文化产业传播模式不够创新，仍旧缺少优秀的中外文化传播交流平台和载体。目前我国推动中华文化对外传播的窗口主要是孔子学院。虽然孔子学院自2004年以来在全球遍地开花，已然成为非常重要的汉语跨文化交流平台，并在国际上引起了广泛关注，但是由于每个国家或地区在经济、文化价值观、政治制度、历史等因素决定的跨文化交流环境上差异巨大，孔子学院在全球跨文化交流过程中也面临各种各样的问题。西方国家的敌视对抗态度对孔子学院的发展一度有较大影响，所以做精、做活孔子学院，以及给孔子学院一个合适的定位是一个迫切的现实问题。

　　虽然目前中华文化对外传播机制不健全，但是我们仍要坚决贯彻中华文化"走出去"战略，以"孔子学院"为依托点，加强中华文化在"一带一路"沿线国家的传播。第一，要继续坚持教育"走出去"战略，大力开展"留学中国"教育计划，提高中国教育的向心力，吸纳沿线各国更多的受教育群体积极地参与到中外教育合作交流中来。同时，还要积极引进国外优秀的教育资源，加强我国与这些国家的教育合作，进一步加深中外文化理解，增进文化互信。第二，政府和各相关机构应提升服务能力，为"走出去"的文化产品开辟绿色通道，铺设国内外的文化输出平台，进一步拓展中国文化产品在沿线各国的市场渠道。近年来中国艺术剧目进入外国主流市场成为一个新特征。纽约林肯中心、华盛顿肯尼迪中心等北美、西欧的30多座城市中心剧院都有定期推出中国的文艺演出，《丝路花雨》《十里红妆》《牡丹亭》《一把酸枣》《梁祝》等十余部来自中国的舞剧，通过当地主流票务网络进行市场化推广营销。这些演出用商业交流的形式走进西方国家的主流观众群体，既获得了票房，又满足了国人对于中华文化扩大海外影响力的期待，适应了文化走出去争取话语权的需要，为中国艺术争取到国际社会的充分尊重。此外，国家领导人出席外交活动时对中华文明的赞美更加有力地推动了中华文化的对外传播。2013年6月习近平总书记在墨西哥参议院发表演讲："当我透过飞机舷窗俯瞰浩瀚的太平洋时，仿佛看见几个世纪前那些满载丝绸、瓷器的'中国之船'正向着阿卡普尔科破浪前行；当我踏上贵国的土地时，又仿佛看见那位传说中的乐善好施的美丽的'中国姑娘'正在普埃布拉传授纺织、刺绣技艺。"这一演讲有力推动了中墨两国的进一步交往和中华文化在墨西哥的广泛传播。第三，新闻媒体应积极向外推出含有中华文化元素的精品文艺作品。中国电视剧近几年一直努力瞄准亚非市场，如《媳妇的美好时代》《奋斗》《北京青年》等热播电视剧受到亚非观众的普遍好评。2013年3月23日，习近平总书记在坦桑尼亚尼雷尔国际会议中心发表演讲时说，中国电视剧《媳妇的美好时代》在坦桑尼亚热播，让坦桑尼亚老百姓了解到了中国老百姓的喜怒哀乐。从国与国的相交，到人与人的往来，中国影视向世界讲述着一个又一个生动鲜活的中国故事，让外国民众直观地了解到一个真实、多元的中国，提升了中国形象。[1]上述电视作品都是在用心讲述中国故事，赢得了国外人民的充分认可，其他文艺作品也可以借鉴这种传播方式。第四，中国作为餐饮大国，还可以在饮食文化上大做文章，传播中国味道。如纪录片《舌尖上的中国》在国外的热播传播了中华饮食文化，"姚餐厅"等中式餐厅的开办让外国人真实感受到中国味道，中国美食节在全球各地的举办等带动中华饮食文化的传播，这些都可以促进中国文化产品的输出，提高中华文化的国际影响力。

总而言之，在中华文化对外传播机制不健全的情况下，政府部门要积极提供法律和政策支持，建立健全对外文化贸易的法律法规体系，为企业

---

① 张西平.中国文化"走出去"研究报告总论(2018)[M].北京:社会科学文献出版社,2019:120.

对外文化贸易、中华文化走出去创造良好的政策和法律环境；通过打造一系列的网络精品栏目，拓宽传播渠道，尤其要做强中国国际电视台（CGTN）的传播力、影响力，丰富传播形式，吸引海外受众，大力提升文化传播的覆盖面，提升中国在国际上的发声能力；努力打造叫得响的文化品牌，文化输出靠的是软实力的提升，是文化自信的展示，是国力的综合体现，所以也不能仅仅依靠电视电影以及偶像明星等，必须要有自身的文化体系和文化品牌，体现出核心竞争力。然而与西方文化入侵不同，中国传统文化"走出去"的目的并不是渗透，而是变被动为主动，借以同西方国家文化入侵、文化霸权等形成相互制约，在全面推介中华优秀文化的同时维护中国主权。

第二节　西方文化霸权与文化差异

一、西方文化霸权的制约

文化霸权（Cultural Hegemony）作为一个概念，最早是由意大利马克思主义者安东尼奥·葛兰西（Antoio Gramsci）提出的。葛兰西所说的霸权，指的是统治阶级将对自己有利的价值观和普遍信仰推行给社会各阶级的过程，它不是通过强制性的暴力措施，而是依赖大多数社会成员的自愿认同来实现的。因此，也可以说，霸权的实现是一个赢得价值共识的过程。而某种文化成为主导文化的意识形态并发挥主导作用的过程，就是其领导权或文化霸权合法性建立的过程。[1]美国政治学家塞缪尔·亨廷顿认为，对于一个传统社会来说，对政治稳定构成主要威胁的并非外国军队的侵略，而是外国观念的侵入，印刷品比军队和坦克推进得更快、更深入。

---

[1] 马广利.文化霸权:后殖民批评策略[M].北京:光明日报出版社,2011:3.

所以，以美国为首的西方资本主义国家尽其所能地向外输出他们的意识形态，却对中华文化的向外传播进行了围追堵截。

中国是一个发展中的大国，同时也是一个正在崛起的社会主义国家，由于在文化、意识形态、社会制度、国家利益等诸多方面与西方发达国家存在着较明显的分歧，自然而然地成为某些霸权主义国家进行文化渗透和文化颠覆的主要目标之一。一些西方国家在经济、科技、军事等"硬权力"的坚强后盾支持下，充分运用"软实力"的威力，把西方社会的价值观和制度模式当作全人类普遍的价值观和模式，强迫全世界接受，中国文化安全面临着西方文化殖民主义的严重威胁。一方面，西方主要国家在政治意识形态上下足功夫，大力笼络中国知识精英。二战之后，美国政府在中国实施了多项文化交流项目，期望以此为载体宣传美国的意识形态与价值观念。另一方面，西方国家还通过商品、电影等向我国输入西方文化。20世纪80年代以来，随着文化产业的崛起以及随之而来的大众文化的繁荣和扩张，文化产品早已超越其表面价值，成为西方国家输出价值和思想方式的工具。西方国家利用技术优势以及电影、流行歌曲等娱乐业生产的文化产品，向中国人民传播其生活方式、通俗文化、价值观念和思维方式，例如美国的好莱坞电影就是输出文化的一种体现。2013年在中国上映的美国好莱坞电影《钢铁侠3》就取得极好的票房，影片中把钢铁侠塑造成一个对抗共产主义的超级英雄，实际上这就是带有浓重的美国文化印记的影片，其目的在于宣扬美国的主流价值观，美化美国在全球的形象。其他电影如《阿甘正传》《阿凡达》《拯救大兵瑞恩》等，也是在为全球观众输送具有和平、民主、自由、人道主义、理想主义和深度人文关怀的"美国精神"。所以美国就是通过这些商业大片来塑造其超级英雄的国际形象，中国年轻人应对美国的意识形态渗透提高警惕。

除了意识形态的宣传和文化产品的倾销，话语霸权和信息霸权也是文化霸权不可忽视的方面。例如一些西方国家利用自己的话语地位公然干涉他国内政。美国常常在世界政治舞台上借"人权"攻击中国，举出"人权高于主权""自由民主至上"之类的大旗，刻意将人权问题政治化，这不仅是严重干涉我国内政，而且是公然挑战我国司法主权。此外，西方国家在台湾问题上肆无忌惮地踩踏中国底线，在南海、钓鱼岛、朝鲜半岛等问题上做文章，其目的在于以此拖垮中国国力。以往，让一种文化深入另一种文化要用几年甚至几十年的时间，而今天通过国际互联网，以美国为代表的西方的思想、价值观、道德观等可以自由地迅速传播，使"殖民文化"渗透成为不可避免的问题凸现出来。①美国把网络定为与海、陆、空、太空并列的军事"行动领域"，充当着全球互联网信息高速公路的警察，从而维护美国的文化霸主地位，彰显了其实施文化霸权的实质。冷战虽已结束，但在冷战思维、冷战遗产的作用下，国与国之间的竞争不仅在政治、经济领域，并且更深入推进到文化领域，西方凭借着自身的优势在全球化的文化冲突中，占据着制高点的位置。当然，以霸权破坏规则与公理的行为，迟早会被时代所抛弃。

　　面对西方文化霸权主义的冲击，我们要如何保持和发展中国特色社会主义文化？要如何在与西方文化为代表的强势文化的较量中争取对自己更加有利的位置呢？在这种复杂的文化背景下，中国要对西方文化霸权坚决说不，坚定捍卫自身传统文化。一方面要努力让中国文化"走出去"。在世界各地建立中国文化交流中心、开设高质量的孔子学院等，掌握更多的国际话语权，从而能发出自己真实的声音，展示中国真实的国际形象。在"一带一路"建设的进程中，与其他国家的文化共融共生，相互学习与包容，寻求共赢。应该抓住"丝绸之路"这样一个关键词，努力寻求文化上的共鸣和经济政治上的合作。努力加大对中国传统典籍的翻译，通过传译经典文学作品，准确地传递古人的思想，用经典的作品和深邃的思想去打动人、感动人、影响人。一些名著的英译主要依靠西方汉学家来完成，如果本国有更多优秀的人才精准翻译出作品，将是文化走出去的好的途径。为此，各大高校应该着力培养这样的专门人才。另一方面还要"请进来"。

① 刘伟胜.文化霸权概论[M].石家庄:河北人民出版社,2002:68.

中国也应该扩大外国留学生的招收规模。来华的留学生既可以传播中国文化，又可以促进中国文化的发展，是一种很好的应对文化霸权主义的举措。要营造出既能"请进来"，也能"留得住"外国人的文化大环境，形成中华文化元素向外输出的良好输出模式。通过"走出去"和"请进来"相结合，积极吸收借鉴国外优秀文化成果以及文化治理的成功经验，持续提升文化建设质量效果。

斯派克曼认为，夺取权力的竞争是人类关系的根本实质，在国际事务的领域内尤其如此——其余一切都是次要的，因为到最后唯有强权才能实现外交政策的目的。在人类历史上，全球性的通路所构造的空间场域都是大国之间展开博弈以谋取结构性霸权的地方。近代世界，以英国为代表的全球拓殖使得世界范围内的不同文明被迫纳入西方文明主导的秩序中，在本土文化伸张与资本主义文化强势席卷中艰难地塑造着新的国家认同、政治认同及文化认同，这正是单边主义的西方话语价值表达的派生物。但是"一带一路"文化辐射空间是一个多文明体系共存的独特文化圈，其文化蕴涵的东方特质强调世界性、包容性、开放性的价值体系的建构与完善，强调多元化主体间的平等对话，强调历史与传统的彼此尊重，强调体制与文化的多样性和融洽性。[①]2014年7月4日，习近平总书记在韩国首尔大学发表演讲时也强调，"在国际关系中践行正确义利观。'国不以利为利，以义为利也'"。讲求义利合一，并非一切按利害关系行事，这就区别于资本主义国家发展过程中掠夺式发展的发展思路。在"一带一路"倡议推进过程中，要强调各国文化的互补性，合理调整利益格局，增加亲和力和融合力，以促进新的平衡发展，真正做到各美其美，乃至能树立一个文明史上的新典范。所以要展示给西方人一个真实直观的中国形象，减少因为意识形态原因对中国的层层有意误读，全面推出中国高精尖的文化精品形象。

---

① 詹小美,等.全球空间与"一带一路"研究(文化卷)[M].西安:陕西师范大学出版总社,2016:95.

二、文明冲突与文化差异

文明是放大了的文化，是世界观、习俗、准则和思维模式的特殊联结，是文化特征和现象的一个集合。[①]"一带一路"沿线国家众多，不同的地理环境、历史基础、民族习俗以及宗教思想等造就了不同的文化和文明，这些差异在一定程度上促进了"一带一路"沿线文化的多元和丰富性，但也为推进"一带一路"沿线国家深入交流合作带来了难题和挑战。美国著名学者塞缪尔·亨廷顿（Samuel Huntington）在其著作《文明的冲突与世界秩序的重建》中用文明替代民族国家和意识形态，从现代世界的文明冲突入手，突出文化全球化异质性、排他性的一面。他认为，由于文明的差别更为基本，所以当世界变得越来越小，文明意识就变得越来越强。未来取代传统冲突的将是文明的冲突。其中儒家和伊斯兰将是西方文明的主要对手。实际上他在一定程度上是把现实政治中存在的矛盾转移和抽象化了。[②]而"一带一路"倡议影响范围涉及亚欧非等多个地区，沿途多种宗教、民族、种族、语言相互交织，包括中华文明、西方文明、伊斯兰文明、印度文明、东正教文明和佛教文明在内的六大文明在此碰撞。无论是陆上丝绸之路国家还是海上丝绸之路国家，不同宗教在各国错杂分布，它既是各国文明发展多样化的重要来源，也是不少国家内部社会冲突的重要根源。[③]由此给中华文化在"一带一路"沿线国家的传播也带来了巨大的困境和挑战。

文化产业是促进"一带一路"文化交流的重要手段，尽管当前我国文化产业发展迅速，但因国际竞争力不强，制约了我国文化产业在"一带一

---

① ［美］塞缪尔·亨廷顿.文明的冲突与世界秩序的重建［M］.周琪，等译.北京:新华出版社,1998: 25.

② ［美］塞缪尔·亨廷顿.文明的冲突与世界秩序的重建［M］.周琪，等译.北京:新华出版社,1998: 348-372.

③ 张西平.中国文化"走出去"研究报告总论(2018)［M］.北京:社会科学文献出版社,2019:19.

路"沿线国家的竞争力。而且由于"一带一路"沿线国家历史文化存在差异，使得他们对我国文化产品的认知程度和接收程度也存在很大差别。此外，文化差异还会影响交易成本及消费者行为，进而对各国之间贸易流量和流向产生影响。"一带一路"沿线国家间的文化差异会导致贸易国家双方的交易成本增加，阻碍文化产品贸易，为贸易国家双方带来"外来者劣势"。[①]中国文化与沿线各国之间的文化也存在较大差异，加之中国文化在对外传播过程中，缺乏对沿线国家文化特点、历史风俗、社会发展等情况的全面了解，仅仅按照中国人自己的欣赏习惯想当然地传播，缺乏针对性和融入性，很难让当地民众获得认同感。[②]所以我国应增强文化互信，加强文化沟通，推动文化邻近伙伴共同发展，开发文化差异较大的市场。

目前，西方文化在世界的影响力仍居强势地位，并以语言、科技、娱乐等形式对其他国家的文化产生强烈冲击，尤其是对一些年轻人的文化和人生观产生了消极影响。"一带一路"沿线国家多是发展中国家，西方文化的影响力甚至超越了本国文化对国民的影响，这对中华文化在"一带一路"沿线国家的国际传播构成了直接的威胁，造成了严重的阻碍。[③]塞缪尔·亨廷顿就一方面倡导文化多元化，以满足非西方国家的民族自立的心理诉求；另一方面他却又主张以拉拢、腐蚀、渗透和同化等手段，竭力扩大西方文明的阵地，以保持和巩固西方文明的中心地位和领先优势。可见"西方中心论"的霸权思维是如此隐蔽，所以本质上这种"文明冲突论"的背后显然隐藏着西方文化霸权主义。文明冲突在某种程度上其实就是零和博弈的利益冲突，也是中西文化差异的直接体现。中西文化差异主要体现在语言差异、价值观差异、认知差异、非语言沟通的差异等各种方面。正视文化差异，避免文明冲突，文化差异不应该成为文明冲突的根源，而

---

① 彭嘉璇.文化差异对文化产品贸易的影响——基于"一带一路"沿线国家的考察[D].长沙：湖南大学，2019.

② 王丽."一带一路"对外文化传播研究[M].北京：经济日报出版社，2020：113.

③ 孙宜学."一带一路"与中华文化国际传播[M].上海：同济大学出版社，2019：37.

非虚构写作简明教程

朱晓凯/编著　定价：69元

- 文学书写还原新闻真实
  艺术表达再现社会生活
- 掌握写作技巧
  消除写作障碍
  走进非虚构写作的精彩世界

程谪凡教育文集

程谪凡/著　定价：50元

- 深谙教育的本质
- 强调高等师范教育加强教育业务训练
- 注重培养学生的共产主义世界观和道德品质

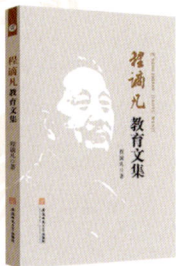

香江情缘：小学语文教育交流协作记

刘晓梅/著　定价：52元

- "单元整体、读写一体""情境识记、趣味读写"，群策群力助力香港语文教育发展
- 交流协作，互通共融，积淀文化，不断谱写教育新篇章

如果您喜欢我们的书，请扫描二维码购买
也欢迎您关注我们的微信公众号

安徽师范大学出版社
微信公众号

安徽师范大学
高校图书专营店

安徽师范大学出版社 新书推荐

ANHUI NORMAL UNIVERSITY PRESS

大别山精神研究

本书编写组/编　　定价：89元

· 深刻揭示大别山精神形成的社会历史条件
· 准确阐述大别山精神的科学内涵
· 全面彰显大别山精神的时代价值

跟特级教师学好高中物理

何国平/编著　　定价：73.8元

· 格物致理，实践科学探究；
· 创新思维，分析解题思路；
· 直击高考，提升应考技能。

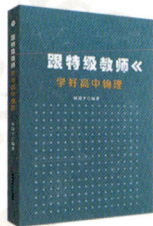

观点新闻学

靖　鸣 冯馨瑶 史剑辉/著　　定价：59.8元

· 研究观点新闻生产传播与公共话语空间、社会舆论的关系；
· 探讨观点的形成机理、基本形态、传播规律；
· 分析观点新闻的类型、特征及各类观点新闻的策划采写要略。

叙事与情感：经典欧美文学作品新诠

韦　虹/著　　定价：45元

· 从戏剧的嬉笑怒骂到童话的浪漫讲述
· 从语言的多重探索到风格的反复试验
· 欧美文学变幻多姿的魅力，经典文本研究的全新视角

是人类文明进步的强大动力，不同文化之间可以取长补短、兼收并蓄，做到和而不同。对于中国来说，维护国家文化安全显得尤为重要，面对西方的强势文化和文化霸权，作为负责任的大国要纠正扭转西方传统意识中的"国强必霸"观念。西方将中国描绘成一个可怕的"墨菲斯托"，当成世界的大反派，这是一种十分可怕的、简单粗暴的历史经验总结，中国必须制定强有力的本国文化发展战略，以应对西方意识形态的扩张，维护本国主流意识形态和文化尊严，为维护本国政治、经济发展提供精神动力和智力支持。

"文明冲突论"为冷战后的国际政治发展提供了一个新的解释范式，但由于它仅仅是一个为美国政府处理后冷战时期对外关系的"策论"，缺乏人类情怀和平等对待诸文明的心态，从而导致结论的偏误。[①]而构建人类命运共同体，实现文明和文化间的互鉴互进，是合作共赢的重要体现，能从根本上化解文化冲突背后的利益冲突。人类文明源远流长，繁杂多样。在人类文明历史长河中，不同地区、种族的人类群体形成具有各自特征的文化特点和民族精神，文明的多重性和文化的多样性通过历史哲人的传世之作和遍布世界各地的文化遗产流传至今。在不同的历史阶段，人类文明均有着交流交融，互鉴互学，各种文明取长补短，对于人类文明前进发展的方向、路径和目标均有着不同程度的理解和共同认知。人类命运共同体理念就是在人类不同文明文化大交流、大合唱中交融而生的共同价值。[②]2017年1月18日，习近平走上联合国日内瓦总部的讲坛，他明确回答了"世界怎么了？我们怎么办？"这样一个世界难题。他认为应该构建人类命运共同体，实现共赢共享。2018年3月，第十三届全国人民代表大会第一次会议通过《中华人民共和国宪法修正案》，在序言中写入了"推动构建人类命运共同体"。人类命运共同体思想的提出，打破了"零和博

---

① 王宗军.以人类命运共同体理论超载"文明冲突论"[J].中学政治教学参考,2021(3):12.

② 中国国际经济交流中心课题组."一带一路"理论框架与实践研究[M].北京:中国经济出版社,2020:95.

弈"的传统思维，突破了国与国、民族与民族之间只为一己之私的思维方式，形成实现世界持久和平的"中国方案"，同时也让国际秩序变得更加公正合理，此举是汇聚了世界各国人民对美好生活无限向往的最大公约数，对中国和平发展、世界繁荣进步具有重大而深远的影响。

第三节　地缘政治冲突及"中国威胁论"的负面舆论影响

"一带一路"地区横跨欧亚非三大洲，跨线长、跨界大，沿线各国政治文化生态迥异，与中国的历史渊源和当代交集各不相同。而且"一带一路"沿线国家政治生态不一，经济水平差异大，地缘政治复杂多变，社会与文化机制不同，缺乏多边合作机制。东南亚、印度半岛历史上数次发生政治动乱和排华浪潮；苏联解体带来东欧剧变，独联体各国存在着复杂的国内政治斗争和多边关系；中印边界问题至今仍影响着中印关系；阿拉伯国家内部冲突激烈；美国、日本对"一带一路"的怀疑与阻碍至今尚未根本性消除；等等。[1]总之，在独特的地缘结构环绕下以及经济、政治、社会、文化等多重因素的交错影响下，"一带一路"地区已成为全球地缘政治风险最为密集的地带之一。[2]复杂的地缘政治生态使得中华文化元素的对外传播面临风险与挑战。

"中国威胁论"是20世纪90年代以来兴起的一种关于中国的认知与话语。[3]和地缘政治冲突一样，"中国威胁论"的出台与流行对我国国际形象的树立，对中国发展的国际环境的争取以及亚太地区的和平与安全都具有很大的负面舆论影响。在政治层面，"中国威胁论"引发了周边一些国家

①孙宜学."一带一路"与中华文化国际传播[M].上海:同济大学出版社,2019:4.

②张建武,李楠,刘洪铎."一带一路"地缘政治风险对中国出口贸易联系生存持续的影响研究[J].新疆财经,2020(5):57.

③施爱国.傲慢与偏见:东方主义与美国的"中国威胁论"研究[M].广州:中山大学出版社,2004:2.

对我国的敌意，增加了周边国家对我国的不信任感，阻碍了我国与之开展国际合作的步伐。在军事层面，"中国威胁论"加大了地区军备竞赛的可能性。近年来，周边一些国家花费重金购买先进武器装备，客观上增加了地区的不稳定性。在经济层面，"中国威胁论"增加了我们同世界其他国家的经济摩擦。近年来我国同一些国家的经济摩擦事件不断增多，显然与"中国威胁论"有着直接的关联。在外交层面，"中国威胁论"为某些大国阻遏我国走向世界提供了政治借口，成为西方国家制约我国发展的令牌。此外还有"中国文明威胁论""中国资源威胁论""中国人口威胁论""意识形态威胁论""生态威胁论""网络威胁论"等，这些怪论皆一味鼓噪、信口开河、危言耸听，没有任何可靠的根据。

"中国威胁论"实质上是西方及周边相关国家，基于自身危机意识，缘于形形色色利益因素，用来制约中国崛起的一种赤裸裸的政治手段，而这也是蓄谋已久所为之。俄国无政府主义创始人巴枯宁早在其1873年出版的《国家制度和无政府状态》一书中就认为中国是"来自东方的巨大危险"，而这种危险首先来自可怕的人口与移民。德国皇帝威廉二世曾说，"我一定要竭尽全力保持欧洲的平静，并且防护俄国的后方，以便没有人会妨碍你在远东的行动。因为，教化亚洲大陆，并且捍卫欧洲，使它不致被庞大的黄种人侵入，显然是俄国未来的伟大任务"。19世纪末20世纪初，西方列强就基于殖民主义和帝国主义的需要，将中国视为"劣等民族"，也使得西方世界戴着有色眼镜看待中国，并延续至今。改革开放以后中国经济迅猛发展，中国的崛起毋庸置疑给当代国际关系体系带来了挑战，一些国家对中国产生猜忌、不安甚至敌视的态度。美国学者塞缪尔·亨廷顿认为，中国从20世纪80年代开始将其不断增长的经济资源转化为军事力量和政治影响。所有其他大国在经历高速工业化和经济增长的同时或在紧随其后的年代里，都进行了对外扩张和自我伸张。没有理由认为，中国在经济和军事实力增强后不会采取同样的做法。他认为中国的崛起将"在21世纪初给世界的稳定造成巨大的压力"，并将中国定位为"人类历史上最大的竞争者"①。日益崛起的中国与那些旨在攫取世界霸权的帝国不同，中国将是世界和平与繁荣的坚定支持者和推动者。但是，各种对中国似是而非的片面批评和各种版本的"中国威胁论"仍旧广泛散播和弥漫。中国的软实力还远远没有达到与硬实力相匹配的地步。可以说，我们已经站在了世界经济的高峰，但我们离世界舞台的中央还有一段不小的距离，这个距离就是文化的距离。②

"一带一路"沿线很多国家都有过被殖民的历史，因此，使得他们对外来文化的影响十分敏感，而"中国威胁论"的流传对中华文化在"一带一路"沿线国家的传播带来了更大的挑战。针对此有学者考虑"鼓励中国智库、学者与官员多走出去讲解中国故事"③，这也不失为好的方法。但是要根本消除"中国威胁论"，还是要让沿线国家发自内心认识到：中华文化在"一带一路"沿线各国的传播不是殖民性价值观输入，而是为了让世界更客观真实地了解中国，让中国的发展惠及更多的国家。正如习近平总书记在和平共处五项原则发表60周年纪念活动中所强调的，"中国不认同'国强必霸论'，中国人的血脉中没有称王称霸、穷兵黩武的基因。中国将坚定不移沿着和平发展道路走下去，这对中国有利，对亚洲有利，对世界也有利，任何力量都不能动摇中国和平发展的信念。中国坚定维护自身的主权、安全、发展利益，也支持其他国家特别是广大发展中国家维护自身的主权、安全、发展利益。中国坚持不干涉别国内政原则，不会把自己的意志强加于人，即使再强大也永远不称霸。中国真诚希望其他国家都走和平发展道路，大家携手把这条路走稳走好"。言必行，行必果。中国坚持和平发展，不结盟、不扩张、不称霸，积极推动构建新型国际关系和人类命运共同体，打造以相互尊重、合作共赢、共谋发展为核心的全球伙

---

① [美]塞缪尔·亨廷顿.文明的冲突与世界秩序的重建[M].周琪，等译.北京:新华出版社,1998:360.

② 伍鸿宇.文化传播与文明对话:跨文化交流与比较研究论文集[M].广州:广东高等教育出版社,2018:184.

③ 王俊生.直面美国新一轮"中国威胁论"[J].世界知识,2018(16):58-59.

伴关系网络，这都是中国一以贯之的和平外交思想的体现。正视矛盾，开展多边交流，让外界更加清晰地了解中国，这样也能最大限度地减少隔阂，为自身的和平发展创造出良好的世界舆论环境。

第四节　经济发展不平衡

在我国当今的社会矛盾中，首要关键词就是"不平衡"。由于地理位置、交通等各种因素的影响，各地区之间经济文化的发展出现失衡。北京、上海、浙江及东南沿海等比较发达的省份文化产业相对较多，但它们与"一带一路"沿线国家距离较远，而青海、西藏、甘肃、宁夏等与沿线国家距离较近的省份文化产业发展却又非常薄弱。因此，应该加大发达地区与不发达地区的交流，发达地区带动不发达地区迎头赶上，包括在引进人才、技术，东西部文化产业的合作等方面，进而创造出更多、更好的文化产品，然后再让这些优秀的文化产品走出国门，让全世界了解中国。所以，沿着"一带一路"倡议经济走廊，通过发展"经济特区"和城市"枢纽"（比如新疆主要城市喀什在中巴经济走廊中的作用），加强经济互联互通和一体化来改善区域经济的不平衡，这也是中国的一个主要目标。①在"一带一路"建设上，以丝绸之路为依托推动我国文化产业大发展，尤其是对于我国西北边疆、少数民族省份具有极其重要的意义，通过丝绸之路推动周边区域的文化和经济的共同繁荣。

"一带一路"上的国家宗教文化各异，社会稳定状态不一，经济发展状况也极不平衡。在"一带一路"沿线的65个国家中，既有人均GDP过一万美元的经济强国，也有人均GDP不足一千美元的经济弱国。经济发展阶段不同，对未来经济发展战略的诉求也就不尽相同。以环境保护为例，

---

① 王灵桂."一带一路"：顺应经济全球化潮流的最广泛国际合作平台[M].北京：社会科学文献出版社，2018：183.

有些国家对环境质量改善与人民群众健康的追求已经远远超过了对GDP增长的需求，而另一些国家却还挣扎在生存的边缘，为增加GDP不惜付出一切代价。总的来说，"一带一路"涵盖的国家更多为发展中国家和新兴经济体，但这些国家的经营环境相对动荡，投资风险比较高。根据中国本土主权信用评级机构对"一带一路"区域的评价结果来看，发展中国家面对着国际资本流动方向逆转、利率上调压力以及全球总需求持续低迷等不良环境，主权信用风险将持续增大。此外，"一带一路"沿线国家的投资环境及管理体制差异较大，同时在这一区域还存在着由不同国家主导的多个次级区域经济合作组织。各国投资的法律基础、市场准入规则及标准千差万别，这不仅加大了中国企业的经营成本，也提高了投资风险。[①]

根据马斯洛的需求层次理论，人们在基本物质消费得到满足后才会追求精神层面的消费，所以中华文化"走出去"还应该考虑接受国的消费能力问题。按照世界经济发展经验，人均GDP超过三千美元，文化消费才会快速增长。如上文所述，"一带一路"沿线国家经济发展状况极不平衡，所以应该根据各个国家的经济接受能力来实施文化的传播。"一带一路"建设在强化经济发展的同时，还要不断促进与沿线各国间的文化协同。从目前来看，沿线各国的文化产业发展层次水平不一，其中一部分国家由于自身的经济发展水平十分有限，在文化产业建设上也较为滞后，文化基础设施建设也十分薄弱。为了实现"一带一路"建设的可持续发展，在推进中外文化交流的基础上，我国应加大对沿线落后国家文化产业的帮扶力度，积极传授我国在文化产业发展方面的先进经验、模式和举措，协助其建立符合自身实际的特色文化产业，打造一批具有时代文化特征的产业园区和产业项目，促进中外文化产业贸易对接，实现中外文化产业的优势互补和共同发展。同时，我们在对外文化产业的扶持上，还必须认识到仅仅依靠"输血"援助是不可持续的，"授人以鱼不如授人以渔"，必须积极"造血"，通过各类合作激活各国的文化创造性，让其真正地感受到"一带

---

① 尚虎平."一带一路"关键词[M].北京:北京大学出版社,2016:166-188.

一路"建设所带来的实实在在收益，真正推动区域经济一体化迈上新水平。

"一带一路"是全球经济发展的新机遇，而"一带一路"规划的推行将在提升中国国际影响力的同时，进一步提升新兴市场国家的经济地位，扩大发展中国家的发言权。在这个新格局里，中国将扮演更为关键的角色，成为衔接发达国家和发展中国家的关键桥梁和纽带，而在相关政策的助推下，"一带一路"区域将变成一个合作更为紧密、交流更为频繁的经济区，区域内各国将充分利用各自的比较优势，发展相关现代化产业，并通过经贸往来和跨国投资实现国与国之间的优势互补。

中华文化对外传播机制不健全、西方文化霸权与文化差异、地缘政治冲突及"中国威胁论"的负面舆论影响、经济发展不平衡，都制约了中华文化积极走出去，这既有自身原因，亦与西方敌视中国有着很大的关联。

文化本身不存在任何边界，中华文化"走出去"的根本在于人。中国一方面要加大宣传，创新对外宣传方式，着力打造融通中外的新概念、新范畴、新表述，增强在国际上的话语权；另一方面要摒弃片面的"西方化"或者"民族化"发展思路，既要充分彰显中华文化本身的特色，体现出民族性，也要努力寻求中华文化与世界文明的共通之处，既要反映民族的经验和国内民众的期待，也要回应国际社会的关切，要对国际性题材予以关注，特别是要关注人类共同面临的问题，体现出一种人类意识，而不仅仅理解成狭隘的"民族意识"。总之，我们应该秉承求同存异的理念，既承认东西方文化之间确实存在不同的意识形态和较深的天然隔阂，又要寻求共同点，以最大限度的双赢取代零和博弈。

第二章 以文化产业为主的对外文化贸易

发展和推动以文化产业为主的对外文化贸易，是持续、稳步地推进中华文化元素海外传播的实践基础和物质支撑。对外文化贸易作为一种贸易活动和经济现象，但同时也是文化活动和文化现象，具有一定的文化传播功能。关键的问题在于如何妥善地处理和解决贸易活动与文化活动之间的张力和不协调之处，使得经济效益、文化效应、社会效应、外交效应处于和谐的动态匹配与及时调试之中。

无论就经济理论、历史经验以及当下的外贸实践，均在不同程度上启示我们，文化贸易是推动和促进中华文化元素在"一带一路"沿线国家持续、有效传播并落地生根的有力保障和依托。

第一节 对外文化贸易中的文化传播功能与定位

一、对外文化贸易中的文化因素

相关学者研究指出，"当文化的经济属性被重视和挖掘之后，文化与经济实现了一体化，文化经济化和经济文化化成了一种时代现象"[①]。不

[①] 宋磊.中国对外文化贸易研究[M].昆明:云南人民出版社,2016:24.

同国家和民族之间开展文化贸易，一方面是基于彼此民族文化之间的相异性和差异性，另一方面则是基于两个民族文化之间的相同性或者相近性。民族文化间的异同均能产生文化贸易的需求，这并非悖论，而是有着长久的历史实践基础，同时符合人类文化交流和文化贸易的规律与理论。民族文化上的相异性，既能客观上在民众心理上产生集体的求异心理，又能形成互补，某一民族自身民族文化的比较优势就是在文化交流场域和文化贸易市场上的价值来源。民族文化上的相近性，之所以能够产生文化贸易的需求，主要体现在贸易方式和技术上，文化和语言的相通能够有效降低贸易成本，在文化产品的审美取向能够形成相对一致的标准，同时，还能有效化解民族冲突、缓解民族矛盾，降低民族之间的对抗性和不信任感。进一步来看，文化相异民族间的文化贸易产品，存在着互补性；文化相近民族间的文化贸易产品，存在着相同性。因此，无论民族文化的相异性还是相近性，均能产生文化贸易的需求，两者之间的区别主要体现在形成贸易需求的发生机制不同。

众所周知，一般而言，文化的经济价值主要体现在文化的精神享受属性，这是它与其他物质产品的显著区别之一。文化虽然是虚拟、非物质实体的，但是文化同样有着物质实体表现形式和载体依托，这就是各式各样的文化产品。与其他产品相同的是，文化产品同样具有实体形态，同样具有使用价值。但是，它的突出特征和与众不同之处在于，其物质实体所象征和被赋予的文化属性和审美价值。附着于文化产品之上的文化内涵和意义，具有极大的包容性、延伸性、拓展性、可塑性。通俗地讲，文化产品的价值不以文化产品具体的形态、尺寸、大小为转移，例如，我们常见的古董古玩，其经济价值与文化价值不因其小巧而受到轻视。故而，就国际贸易的操作实践而言，运输成本较低而经济价值较大的文化产品远比大宗商品具有盈利空间。从较为广义的层面来看，任何人为制造、生产的商品都具有文化属性。因为就文化的原始意义而言，文化是与自然、天然相对的，文化的核心特征便是人参与其中、由人赋予其意义和价值。当然，尽管人为制造和生产的商品都附着文化色彩，但是并不能称之为文化产品，其价值主要体现为"摸得着"的使用价值而非精神文化价值。精神文化价值大部分还是依托于特殊的文化产品来实现。正是这种文化产品，才是国际文化贸易的主要对象和内容。文化产品与其他商品一样，具有可复制性，能够通过工业化的方式进行批量生产，这是近代以来工业化进步对传统文化贸易方式革新做出的贡献。

对外文化贸易，其主要功能和目标是实现经济价值、获取经济利益，但同时也还包括文化功能，满足跨文化间文化交流的需求，推动不同民族间民众的人文往来。纵观历史，尤其是中外丝绸之路的发展历程，正是中外商人和商队在贸易过程中，传递了中西文化，促进了长距离的人文交流和沟通。就文化传播的规律来看，与暴力战争和军事征服方式不同，文化交流具有和平、柔和和较为缓和的特征，或者可以称之为春风化雨、润物无声的潜移默化效果。再考虑到商业贸易的特征，如与政治保持一定的距离，具有中立地位和属性。我们应对历史上通过商业贸易方式推动和促进不同民族乃至敌对民族政权间保持民间的文化往来和交流，予以较高的肯定。或者可以夸张地说，具有"唯利是图"特征的商业贸易，在一定程度上能够抵消、化解或者缓解，诸如政治对立、民族冲突等因素对文化交流产生的负面、消极乃至阻碍作用。一种流行和较为普遍的观点认为，经济价值与文化价值之间存在着天然的、本质上的冲突和张力，经济价值的实现必然以伤害文化价值的体现为前提，文化价值的实现过程必然要放弃乃至牺牲部分经济价值。实际上，两者之间并非水火不容的截然对立，事实的对错与否也并非简单的非此即彼。经贸往来，在一定程度上可以认为是文化交流、文化贸易，在"交易"文化的过程中同时也是"交流"文化。无论是交易还是交流，尽管两者在概念定义上存在一定差异，但是两者所形容和针对的环节和流程具有同一性和共同部分，存在着多方位的交集。因此，在文化贸易中，贸易过程本身就是一个推动和促进文化传播、双向流动的过程。从广泛意义上看，商业贸易活动就是众多的文化传播渠道、方式、载体之一，而且是一种具有持久性、中立性、高效性的渠道、方式和载体。

有学者指出，相对于其他具有实体属性的经济形态而言，文化经济因文化属性而具有独特的优势，"文化更富有弹性，可以经受时代的变化，它很少会消亡，它总是在进化，尽管面临全球化的潮流，但是文化仍然可以不断探索创新，而且它更利于创造新的空间和场所"①。这一观点的核心之处在于，文化的弹性，或者说包容性、可塑性等特征使其在众多经济形态中更具生命力，具有较大的保值空间乃至升值空间。如前所述，这一核心要旨同样适用于文化贸易。换言之，文化贸易能够适应多变的国际局势，具有持久的生命力和抗风险能力。这一结论的得出，并非来自简单的观点类比或者理论类推，而是有着深刻的实践基础、事实基础和理论支撑。无论是关注或者讨论到文化经济、文化贸易等概念和理论，我们的一个基本立足点或者说前提，就是文化的独特属性和特质，以及文化参与到经济活动中之后产生的复合反应和几何递增效应。

二、"一带一路"文化贸易中中华文化的对外传播

上文主要从较为广义的角度上来讨论对外文化贸易中的文化因素这一问题，那么具体到当前"一带一路"文化贸易中，应该如何思考和认识中华文化元素的对外传播呢？

可以说，前文的分析和讨论，为这一部分问题的展开和深入建构了一个宏观的理论背景，同时提供了基本的讨论框架和思考方向。我们首先需要认识到当前的"一带一路"建设在整体的世界格局以及长久的历史趋势中处于什么样的一种位置和状态？一个首要的、核心的定位就是，"一带一路"是古老的"丝绸之路"的升级版和现代版，在继承"丝绸之路"优良基因的基础上，又被赋予了当代时空背景下的新内涵、新期待和新使命。

---

① 李怀亮.国际文化贸易概论[M]北京:高等教育出版社,2006:11.

具言之，"丝绸之路"在历史上起到了至今值得肯定的价值和作用，因此，我们必须继承并根据时代的形势而予以创新。那么，以此类推，"一带一路"的建设宗旨与目的自然与"丝绸之路"并无二样，从长远眼光和战略高度来看，尽管其过程并非是一帆风顺的坦途大道，面临着海外不良媒体的抹黑、诋毁、攻击，但"一带一路"的建设具有时代的必然性、必要性、可行性。"一带一路"倡议的提出正是为了努力弥合种族、民族、文明、文化之间的差异、隔阂，以及缓解乃至消除这些差异和隔阂所产生的敌视、仇视、冲突、暴力。文化既是人类形成民族对立的核心要素之一，同时也是人类达成谅解、宽容、共存的精神资源。"一带一路"作为一种新生的理念，在形成和论证的过程中已经充分给予上述观点足够的观照。

"一带一路"理念的提出在文化观上一个核心要旨就是承认和尊重文化的多样性，不同文化之间均处于平等地位，反对文化上的优劣之分以及由此带来的文化和种族歧视。可以说，每一种文化的存在本身即对世界文化多样性做出的贡献。不容回避和否认的是，中华文化中的诸多理念和观点，对于世界文化的和谐共生、和平发展具有建设性的作用和参考借鉴价值，诸如和而不同、求同存异，均是中华传统文化所展现出的"中国智慧"和"中国方案"。实事求是地看，在当今世界话语体系中，西方文化居于主导和主流地位，当然，这一现状格局的存在并非与生俱来，而是经历了一个长期的历史过程。西方话语体系，并不具有超越性和中立性，其实质上是服务于西方国家的政治经济利益需求的。就这一点延伸来看，我们不仅不应盲从西方霸权式的话语体系，而应主动创造、更新适合世界新形势需要的理论体系。从长远眼光来看，中华文化为世界做出过巨大的贡献。如今，中华文化再次焕发生机，显示出历史悠久古国和大国的魅力和风貌。因此，当前亟须改变我国文化体量巨大、资源丰富、底蕴深厚，但是在国际话语体系中并没有取得与之相匹配的地位的现状。换言之，如此体量巨大、资源丰富、底蕴深厚的中华文化，理应为世界话语体系的丰富、补充、更新、重塑做出应有的贡献。文化的多样性存在，并不必然意味着不同民族文化之间的平等地位，文化霸权或者说霸权文化的存在往往会通过各种有形或无形的方式，来挤压、侵占乃至剥夺弱势文化的发展甚至生存空间。因此，达到不同民族文化之间不论大小强弱都能够处于平等地位的首要障碍就是，清除、消灭文化霸权现象和霸权文化的存在。实事求是地看，西方文化因其强势的政治经济地位而在文化交流中处于强势乃至霸权地位，中华文化中的和平属性和趋向，对于消除西方文化霸权，构建新的世界文化体系，塑造新的文化理念，既具有必要性，也具有可行性。"一带一路"倡议的提出，既是从这一初衷出发，同时，也是这一理念的实现方式和具体实践。

当我们尝试提取和凝练中华文化中的概念和观念，来革新和塑造全新的理论之时，同样面临着来自不同方向的风险和挑战。尤其是当对霸权文化的认知成为一种固定思维，任何上述努力和尝试都会面临被贴上文化霸权行为的标签，特别是非西方文化的其他民族文化，而这种文化之争往往被牵扯进政治之争，使其变得尤为复杂。正如，当前我国为世界贡献"中国智慧"和"中国方案"之际，往往被其他西方媒体污蔑、丑化和抹黑成文化侵略或者文化霸权。这是中华文化"走出去"过程中，面临的长期性、普遍性的一个问题，当然，我们并不能因此而放缓或者放弃中外文化交流的节奏和步骤。这恰恰从另一个角度侧证了中外文化交流之不足、中华文化走出去之有限，以及现有的国际文化交流平台与合作机制之不健全和不完备，上述无一不是提示我们，需要坚定不移地推动"一带一路"建设的稳步、持续推进；同时也是在警示我们，没有文化上的理解、尊重和认同，中外的人文和经贸合作往来无法找到足够坚固的立足点和支撑基础。

中外人文交流、中华文化对外传播所面临的困境和挑战，这是不容回避和否认的客观实际，同时也是需要我们正面面对和积极主动去应对和解决的挑战和难题。凝练出中华文化元素这一概念，正是我们的应对策略和技巧，也是众多可取方式和途径之一。这一概念的提出，及其策略和技巧的使用，是基于如下一种前提和考量。我们可以非常自信且自豪地承认并主张：中华文化作为世界文化舞台的重要组成部分，具有很多能够为人类和平发展做出贡献的优良因子；同时，我们也承认其他民族文化同样具有这种积极健康的成分。我们所持的态度和主张是，提倡、赞同并支持其他民族文化做出自己应有的贡献，同时，我们积极发扬中华文化的优秀成分。简言之，各尽其责、各司其职。进一步来看，我们承认中华文化中优秀成分和因子的存在，并不等同于主张中华文化，在整体上优于其他民族；中华文化能够为世界发展做出贡献，具体是指那些具有普遍性启发意义和借鉴价值的内涵因子。民族文化作为一个完整的系统，与其民族地理环境、生活方式、生产方式等诸多因素紧密相关，呈现突出的个体性和独特性特征，因此形成了民族文化间的巨大差异。但是，文化都是由人所创造并生活于其中的，其基本关怀范围大致相同，因此，在一定程度上具有共通性和相近性。故此，中华文化虽然是中华儿女的集体文化，但是同样有适应于其他民族群体的成分。这就是不同文化之间，能够达成文化认同和尊重的前提和基础。而恰是这一部分，即能够获得其他民族尊重、理解、认可、认同的中华文化元素，正是我们所要尝试和努力在中外文化交流，尤其是当前"一带一路"倡议新格局下"走出去"并"立下来"的优秀成分。

如此，在"一带一路"建设中推动中华元素的对外传播能够坚持正确的方向，同时，能够清晰明确地认识到应该采取的恰当的方式和途径。可以说，"一带一路"倡议对于中华文化元素的对外传播，既是一个新的平台，又是一个新的框架。"一带一路"倡议实施的理念，与推动中华文化元素的初衷，在某种程度上保持了一种一致性，或者可以视为一种巧合性。而这种一致性看似巧合，实质上有着深层次的必然性和合理性，亦即中华文化的和平趋向使得"一带一路"的实施必然是采取和平的方式朝着和平发展的目标前进。

第二节　文化产业"走出去"的历程与成就

一、进入21世纪以来我国文化产业"走出去"的发展情况

文化产业"走出去",是我国在文化产业领域的具体实施和"中华文化走出去"的重要部分,是指以满足目的国或地区消费者文化消费需求为目的,实施的文化产品或服务跨国经营。文化产业"走出去",并非传统意义上的对外文化直接投资,而是指集国际文化贸易和对外文化投资于一体的"走出去",是我国文化产业顺应文化要素全球化,主动利用国内外文化要素资源和文化市场,实现文化产品和服务国际化的重大选择。文化产业"走出去"是文化产业全球化高度发展的必然选择。中国加入世界贸易组织后,开放文化产业、提升文化产业的国际竞争力、实施文化产业"走出去"成为中国文化产业发展的重要目标。

1.中华文化产业"走出去"的觉醒期

1992年邓小平南方谈话和党的十四大以后,社会主义市场经济体制改革目标确立,我国改革开放和现代化建设事业进入了一个新的发展阶段。市场经济的快速发展为文化产业繁荣创造了物质基础与市场条件,人民群众的文化生活不断丰富,文化产业发展迅速。但这个时期文化产业发展多附属于第三产业的发展框架之下,本身鲜有自觉主动的发展理念。1998年,文化部文化产业司成立,标志着政府确认了文化产业的合法性,并且此后不断提高了对文化产业的重视程度。1998—2008年的十年,中国文化产业摸索前进,取得了巨大成就。然而,在世界范围内比较,我国文化产业发展力度仍远远不够。同期的十年,日本、韩国成为全球公认的文化产业强国。

2008年是中国改革开放三十周年，改革开放所取得的辉煌成就在社会生活中得以逐步凸显。尤其是2008年以来发生的一系列大事：举国一心抗震救灾、成功举办奥运会、平稳应对国际金融危机等，都极大地吸引了全球的注意力。国际上过去一些对中国发展全然不了解，或对中国抱有成见、偏见的情况，正在发生显著变化。"中国模式"正史无前例地受到举世瞩目。国际上对中华文化的心态正产生变化，尤其是对中华文化地位的认同程度正在提升。中国开始平等地融入国际社会，并逐渐受到世界强国的尊重与重视。按照中国目前社会、经济等各方面的发展态势，中国将继续在和平崛起的路上稳步前行。综合国力的进一步增强必然会带来中国文化自信心的全面提升，进而引起西方社会的进一步关注。这对中国文化产品的消费和市场将产生深远影响。2009年，在国际金融危机背景下，世界文化产业格局发生了一些变化，中国积极应对，并相继出台《文化产业振兴规划》文件和国家文化产业专项规划——《国家"十二五"时期文化改革发展规划纲要》。面向未来百年，这两个规划的象征意义远大于实质意义，中国从此拉开文化产业百年发展的大幕！①

2. 中华文化产业"走出去"的国际化时代

将中华文化产业发展的短期目标与中长期目标结合，统筹国内国际两个市场，是在难得的机遇期促进中国由文化资源大国早日变为国际文化强国的必由之路。而大力发展文化产业，进行文化产品与服务的国际贸易，是实现中国理念"走出去"，破除或削弱"中国威胁论"，改变国外对中国的刻板印象，全方位展示真实的中国，让世界认识、接纳中华文化的主要手段，也是进行国家公关的智慧之举。

随着文化产业的不断深入发展，我国对外文化投资与贸易逐步发力，成为文化产业发展的重要组成部分。总体来看，进入21世纪以来，我国文化产业"走出去"国际化发展过程表现出以下几方面特征。

---

① 蔡尚伟，王理.开启中国文化产业国际化时代[J].西南民族大学学报（人文社科版），2010，31（5）：218-222.

　　文化产业"走出去"借力国家经济政策红利发展成效显著。为实现文化产业跨越式发展、培育文化产业的国际竞争力，自国家"十五"规划将文化产业列入国家发展战略以来，中国政府出台了一系列文化产业扶持优惠政策，包括对出口文化产品、项目、文化企业和重大文化活动的专项资助、奖励计划、投融资支持等，使中华文化产业获得了较大的政策支持和良好的发展环境。在中华文化产业国际化的初级阶段，文化产业的财政扶持政策具有重要杠杆作用。

　　根据保护幼稚工业原理，政府利用财政手段扶持文化产业，以避免外部市场的冲击，增强中国文化产业的发展潜力，培养国际竞争能力。过去十几年中国文化产业的成熟发展与加速迈入国际化进程，与政府公共财政资金的大力支持密不可分。随着文化产业的壮大发展，政府政策扶持的重点开始发生变化：中国财政政策扶持力度逐渐减弱，金融政策扶持力度逐渐提高。政府扶持文化产业经费规模增长速度，已从 2007 年的 25.9% 降为 2010 年的 10.5%，而金融信贷投入成为政府金融支持文化产业发展的重点，文化产业"走出去"的经济政策开始逐渐市场化运作。2009 年国家《文化产业振兴规划》鼓励银行业金融机构加大对文化企业的金融支持力度，倡导担保和再担保机构大力开发文化企业"走出去"的贷款担保业务品种，支持有条件的文化企业在国内外市场上市融资、发行企业债券，通过再融资方式并购重组。2010 年九部委联合制定《关于金融支持文化产业振兴和发展繁荣的指导意见》，进一步强调文化产业与金融业的对接，金融部门应大力创新和开发文化产业信贷产品，努力改善文化产业国际化进程中的金融服务水平，这既是金融业务拓展方向，也是中国文化产业发展的政策扶持重点。2010 年，新闻出版总署与农业银行、国家开发银行，文化部与工商银行、农业银行分别签署战略合作协议，通过落实意向授信额度，积极推动银行业与文化产业有效对接。

　　文化产业"走出去"集聚效应不断凸显。文化产业具有显著的集聚效应。为提高文化产业的规模化和专业化水平，近年来，中国打造了一批文化产业集聚生产基地和国际文化贸易园区。它们通常集聚在城市边缘区域，或与高新技术园区融合，利用当地政府的扶持政策，从地方特色入手，规划了一批具有地区资源优势的文化产业生产基地和贸易园区，促进文化产业的集约优化发展，成为中华文化产业发展和推动文化"走出去"的重要组成部分。

中华文化产业集聚区和园区大多依托于文化发达的大中城市，其中以北京、上海最为突出。作为传统的文化中心，北京已形成内容丰富、领域繁杂的文化产业集聚区和产业园区。北京知名的艺术集聚区包括潘家园古玩艺术品交易园区和798艺术区等；北京文化展示区主要包括孔庙和国子监等国家文化展示区等；北京文化演出集聚区包括奥林匹克公园的现代演艺功能区；北京创意产业集聚园区包括石景山数字娱乐产业示范基地和中关村文化产业先导基地等。上海文化产业园区发展具有鲜明的规划性，2005年上海正式成立首批18家"文化产业集聚区"，到2011年上海市创意产业集聚区已达89个，上海市文化产业园区已达52个，营业收入约为780亿元，同比增加20%。在北京和上海文化产业园区建设的示范作用下，中国各地不同类型的文化产业园区发展速度也极快。影视娱乐基地方面，中国现有影视基地上百个，其中比较知名的有浙江横店影视基地、上海影视乐园、长春电影世界城等；软件产业园区方面，中国共有北京、上海、大连、成都、西安等11个国家级软件产业基地，初步形成了北起大连、南至珠海的沿海与内地软件产业带，实现了软件产业的跨越式发展；在出版产业园区建设方面，河北、河南、湖北、湖南、北京、安徽、云南等省建立了出版产业基地，上海、重庆、杭州等地建立了国家数字出版产业基地，它们分别以传统出版物、新媒体为目标，以图书和数字出版为特色，推动出版资源的整合和国际化；动漫产业园区数目更多，2004年在国家扶持政策指引下，北京、杭州、大连、深圳等多个城市都建立了动漫基地，这些措施对于充分发挥比较优势、切实提升动漫产业国际竞争力等具有重要作用。①

3.中华文化产业"走出去"的初期挑战

在文化产业发展国际化的趋势下，文化产业面临着极好的发展机遇，但也使得我国文化产业"走出去"在理论构建和具体实践中面临许多问题与挑战。

首先，日趋激烈的国际文化竞争，给国家文化安全造成一定威胁，使中华文化产品和文化服务面临激烈的市场挑战。当前世界文化产业市场主要由欧美、日韩主导，中国的文化市场也大量被国外的文化产品占领，其中又以美国好莱坞的电影产业和迪斯尼的动画、日本的动漫、韩国的网络游戏和影视剧为甚。西方国家尤其是美国凭借其经济、科技和文化上的强势地位，主宰了全球的文化生产和信息传播。随着文化产品的推销，其价值观念、生活方式也被输出到世界各地，它们利用高科技手段对思想文化阵地进行占领，企图削弱和否定马克思主义在中国思想文化领域的指导地位，这些都使社会主义文化、社会主义精神文明建设面临严峻的"文化霸权主义""信息殖民主义""网络文化殖民""文化交流逆差""数码鸿沟"的挑战。②2011年中国共产党第十七届中央委员会第六次全体会议通过的《中共中央关于深化文化体制改革、推动社会主义文化大发展大繁荣若干重大问题的决定》中，在分析世界文化发展形势时指出："维护国家文化安全任务更加艰巨"；在阐述我国文化改革发展的重要方针时提出："要切实维护国家文化安全"。③

其次，与我国经济发展、经济改革相比较，我们的文化建设、文化管理、文化体制改革总体上处于滞后状态，文化产业政策体系尚不尽完善，难以形成统一开放、竞争有序的市场体系。目前我国文化产业体制尚未完

---

① 郭周明.中国文化产业"走出去"现状分析及途径选择[J].国际经济合作,2014(9):24-29.

② 林怡.对中国特色文化产业国际化的思考[J].企业家天地下半月刊(理论版),2008(7):203-205.

③ 中国共产党第十七届中央委员会第六次全体会议文件汇编[Z].北京:人民出版社,2011:4.

全转轨，传统体制、管理体制还在发挥着作用，旧的观念还在制约着我们的发展。更为突出的是，我国文化立法较滞后，法治观念较淡薄，这与市场运作的公平性、透明化、法治化有一定差距。

4.其他国家的文化产业政策

一些发达国家，如美国、英国、法国、韩国、日本等把资本主义的文化建设上升到战略高度，抢占文化发展的制高点。

为了在文化产业竞争中处于优势地位，美国政府构筑了"自由"发展的文化空间，它没有专门的文化管理部门，却设有国家艺术基金会、国家人文基金会，其主要职责是增强本国公民对本国文化的认同感，激励民众参与各类文化艺术活动，提高文化遗产的保护及投资捐款意识，努力开发、奖励、资助文化创新人才，广辟文化资金来源，从而推动文化的可持续发展。这种基金会及比较完备的捐赠制度为文化与经济的渗透融合提供了资金保证。美国垄断资本家坚信"谁买下了文化，谁就控制了世界"。他们的具体做法是：其一，通过文化产品的输出，扩大国际市场，进行意识形态领域的渗透；其二，以文化创新为动力，使文化资源小国变成文化产业强国；其三，加强知识产权保护力度，健全了文化发展的法律体系。根据经济和科技发展的时代需要，不断对原有法律法规进行补充、修改和完善，以适应文化产业的市场化拓展，为推行文化霸权提供法律保障。

英国与美国的首要区别是，设有国家最高文化行政主管部门——文化、传媒、体育部，下设若干艺术理事会，如英格兰艺术理事会、苏格兰艺术理事会、威尔士艺术理事会、北爱尔兰艺术理事会，这些"理事会"既非官方也非民间性质。英国文化建设与发展的主要特点是：首先，中央政府负责文化决策、预算，管辖国立美术馆、图书馆、博物馆等公共文化事业，地方政府对文化有高度自控权，以适应市场发展的要求。其次，从中央到地方各级政府非常重视并极力扶持文化创意产业的发展壮大。最后，公共文化服务设施齐全，社区文化活动丰富多彩。

法国的文化产业管理完全不同于美国，也异于英国，因而其文化发展有自己的特点。其一，在文化管理体制上属政府主导模式，从中央到地方均设有文化领导机构。其二，在文化资源利用上，属资源富足模式。其三，扩大对外交流，增强法国文化影响力。其四，在文化消费方面，注重文化特色。

日本和韩国均属国土面积狭小、自然资源相对短缺的国家，但是，却都在强化文化建设和文化输出，它们在发展资本主义民族文化中，尽量保持自己的文化特色，且在文化建设与发展方面，两国有许多共同特点。一是"文化立国"上升为国家发展的基本国策。二是倾心打造具有国际竞争力的文化拳头产品。众所周知的日本动画片、电子游戏软件在世界各国享有极大声誉。三是注重文化人才培养，增强文化发展后劲。日本政府的所有财政预算都会考虑对优秀文化作品及文化人才的扶持额度，在高等院校增设了文化产业相关专业，开设相关课程。韩国于2000年至2005年拨款2000多亿韩元，培养复合型文化人才，以缓解文化创作、文化管理、市场营运方面的人才短缺问题。如通过大专院校培养专门文化产业人才，依靠社会培训机构和国际人才交流来培训专业管理人才。

二、"一带一路"倡议提出后文化产业"走出去"的新进展与成就

随着文化产业的发展与"一带一路"倡议的实施，我国对外文化投资与贸易逐步发力，成为文化产业发展的重要组成部分。"一带一路"倡议通过古代"丝绸之路"连接东西方贸易和文化交流的通道，借助多边机制发展与沿线国家的经济合作、文化交流，营造经济互补、文化融合的合作大环境。"一带一路"是在政治、经济、文化等多个层面上引领新一轮开放合作的具有重大意义的举措，而发展文化产业是实施"一带一路"的重要切入点之一。"一带一路"的提出有利于文化产业"走出去"，整合文化产业资源要素，推进文化产业区域协作，丰富文化产品内容，提升国家软

实力。

"一带一路"倡议的深入推进，促使我国与沿线国家经济等领域的合作愈加频繁，尤其是在能源、公路铁路、通信技术等领域的合作，使得世界更好地了解我国。伴随而来的是文化的交流合作进一步深入，国外对中国文化的热度持续高涨，对中国文化的了解程度与需求也不断加强，这为我国推进文化"走出去"以及对外文化投资与贸易提供了便利条件。北京、上海、深圳等多地也建立国家级对外文化贸易基地，推动我国文化产品和服务"走出去"。我国还在"一带一路"沿线国家建立了多个中国文化中心，展示中国文化，讲好中国故事，树立中国文化品牌形象。除此之外，民间文化交流也日益增多，比如我国民间文艺家协会主办的"一带一路"民间文化探源工程；中埃联合考古队开展对卢克索孟图神庙的考古研究工作等。政府与民间的文化交流合作，促进了民心相通，增进我国与"一带一路"沿线国家的友谊，为对外文化投资奠定了良好的基础。①

1."一带一路"背景下中国文化产业"走出去"的发展效应

"一带一路"在政治、经济、文化等层面引领了新一轮的开放合作，具有深刻的时代背景。明确"一带一路"对我国文化产业发展带来的实质性影响，是"一带一路"文化建设的重要基础。虽然国际文化市场这块"蛋糕"巨大，但在激烈的竞争之下，我国文化产业占据的市场份额却很小。"一带一路"不仅可以解决上述问题，还可助力国民经济增长，助力文化产业"走出去"，整合文化产业资源要素，促进国家软实力与影响力不断增强，其重要性可见一斑。

助力国民经济增长。党的十八大报告明确指出将文化建设作为中国特色社会主义"五位一体"总体布局的重要方面，全面建成小康社会的重要内容。党的十八届五中全会强调要推进文化产业结构优化升级，建设社会主义文化强国。"十三五"规划纲要明确指出到2020年将文化产业发展成为国民经济支柱性产业。党的十九大报告指出要健全现代文化产业体系和

---

① 左熹.当前我国对外文化投资面临的机遇与挑战[J].文化产业,2020(18):116-119.

市场体系，创新生产经营机制，完善文化经济政策，培育新型文化业态。我国文化产业不断发展，文化产值也在不断提升，2016年我国文化及其相关产业增加值从2012年的18 071亿元增加到30 785亿元，占GDP比重从2012年的3.48%提高到4.14%。"一带一路"建设中对外发展文化产业，培育文化消费需求，开拓海外文化市场，有利于推动其成为国民经济支柱性产业和形成经济发展新动力。

助力文化产业"走出去"。中国文化产业发展虽已初具规模，但与美国、英国、日本、韩国等国家相比，文化影响力尚显不足。文化产业标志性项目、精品工程以及外向型文化产品数量不足，且覆盖面窄，无法进行全面的扩散推广。而"一带一路"建设为文化产业的"走出去"提供了动力因素。"一带一路"加强了我国与沿线国家和地区的人文交流及文化合作。中国文化产业海外推广的市场区域主要分为亚洲、欧洲和北美三个地区，其中亚洲市场理所当然应占据主体地位。"一带一路"为中国文化产业海外推广，特别是亚洲推广提供了有力的保障。然而，由于文化多样性、差异性产生的文化折扣和中国文化产业竞争力较弱等原因，中国文化产业在欧美地区的推广遇到重重困难。相比而言，文化差异较小的亚洲市场更易作为我国文化产业海外推广的主体区域。"一带一路"贯穿亚欧非大陆，把沿线国家和地区的经济社会联合为一体，有利于更加广泛深入的人文交流。依托"互联互通"的合作网络，不仅可以打通文化产业"走出去"的亚洲市场，更有利于文化影响蔓延至欧美，促使东方元素遍地开花。[①]

整合文化产业资源要素。当前我国经济增长下行压力增大，处于"调结构、转方式、促创新"的关键时期，同时，随着经济社会的发展，城乡居民消费水平不断提高，对文化产品和服务的需求不断扩大，这种文化消费水平的迅速提升成为促进消费结构升级的重要表征。基于文化产业具有

---

① 李凤亮，宇文曼倩."一带一路"对文化产业发展的影响及对策[J].同济大学学报（社会科学版），2016，27（5）：48-54，60.

经济附加值高、资源消耗低、环境污染少等优势特征，要充分发挥文化产业在扩大就业、促进消费、调整产业结构、拉动经济增长等方面的作用。"一带一路"倡议实施为文化产业发展带来了政策、资金和人才等方面的有利因素，依托这些因素，抓住重大发展机遇，不断优化文化产业的贸易结构，提升文化产业"走出去"的能力，推进文化产业拓展国际市场，有利于提高第三产业的比重从而推动产业结构优化升级。"一带一路"倡议促使与文化产业相关的多重资源得到科学、全面、高效的配置，进而完善文化产业链，扩大产业规模，为文化产业的发展扫清诸多障碍，带来无限潜能。我国西部地区，尤其是西北五省（区）的文化产业发展将直接受益于"一带一路"建设。

促进国家软实力与影响力不断增强。一个国家或地区的软实力主要体现在文化上。"一带一路"既是东西方开展商贸的重要走廊，也是跨民族文化交流的重要途径。我国文化产业国际化发展借助于"一带一路"建设中沿线不同国家和民族的文化交流交融来传播中华文明，弘扬中华文化，让中国故事、中国声音和中国精神影响更多国家和地区，将我国和谐发展、和平共处的理念传播出去，增进不同文化背景、不同宗教信仰和不同社会习俗的各国家和地区之间的交流沟通互动，增进理解和尊重，增强文化认同感，促进不同文化间的兼容并包、相互尊重和求同存异，对壮大我国文化实力，增强我国文化的影响力、吸引力和辐射力，提升国家竞争力意义重大。[1]

2.新时期我国文化产业"走出去"的实现路径

文化产业"走出去"的政策调整。在文化强国目标下，文化产业发展需要国家进一步提供更多更全面的特殊性政策支持，以满足其在增强文化经济硬实力和提升文化软实力方面的需要，以推动其成为国民经济的支柱性产业，发挥重要的战略支点作用。

一是在宏观政策层面，需要投资专项政策和配套机制并举。这方面可

---

[1] 公丕明.《一带一路"建设中文化产业国际化发展研究[J].学术探索,2018(7):127-134.

以借鉴韩国的做法。韩国从 1998 年就建立了一套完整的综合扶持体系，发布了《文化产业振兴基本法》等法律规划，建设了多个文化产业园区，成立了文化产业局、文化政策局、文化观光部、游戏技术开发中心等专设管理机构，打造了出口奖励制度、重点文化产品出口项目资金支持体系。我国可以通过政策完善、机构支持和配套机制建设，更好地推动我国文化"走出去"。在投资分布层面，要多渠道形成产业集群。打破目前我国文化企业海外投资集中于美、韩、欧、日等发达国家的倾向，需加强同"一带一路"沿线国家的文化投资交流。由于"一带一路"沿线国家与我国在历史上有过长期的经济文化交流，双方文化中蕴含着一些共同元素，这为我国文化企业开展文化项目合作及海外投资提供了广阔的市场。对此，建议政府设立专门的机构或委托相关机构，针对"一带一路"沿线国家的文化市场，从法律、税收、资源、市场、投资等多个层面做好调研，为企业提供信息咨询服务，方便企业投资。

二是针对投资的行业单一化问题，建议放宽文化产业准入条件，鼓励社会资本参投内容创新型、科技含量高、具有强聚集效应的文化产业项目；鼓励抱团投资，鼓励有实力的文化企业集团开展跨地域、跨行业、跨体制的战略性兼并重组，有效扩展中国品牌的市场，延伸中国文化的产业链条，提升产业集约化水平。文化产业具有产业关联度大、带动性强的特点，合理开发，可以与多个产业促进发展。为鼓励更多文化企业"走出去"，建议建立健全融资支持体系：建议政府在海外组建文化产业投资基地，吸引优秀文化企业进驻，并提供一定的资金保障；吸引社会资本成立文化产业投资基金，通过市场化运作来支持文化产业发展；构建完善的文化产业融资担保体系，培育专业的担保机构。[①]

三是创新研发人才培养与吸引机制。文化产业发达的国家对人才培养采取了两种模式：其一为国内培养模式，例如在国内兴办专门的特色化院校、加强学科建设、对扶持领域的教育进行财政拨款、建立奖励基金鼓励

---

① 王娅蒙.文化产业怎样更好地"走出去"[J].中国投资(中英文),2019(7):108-109.

人才发展等；其二为输出交流式培养模式，将本国人才输送到文化产业发展较为先进的国家，提供交流机会、资助交流费用等，以学习发展文化产业的先进经验。我国在制定文化人才培养政策时要兼顾到国内培养与国外交流两条线路，首先寻找适合本土化人才培养的模式，加强文化产业跨学科建设，引导更多人才涉足文化产业，推进实施文化产业学建设。其次鼓励本土人才"走出去"，进入文化产业发达的国家进行学习深造，可以与国外知名高校或企业联合开办课程共同培养，以便回国后能够融会贯通，更好地发展有国际视野的本土文化产品。例如，在文化产业园区的基础上打造创意人才聚集群落，保证文创人才的准入质量，实施阶段性考核与筛选，为其提供低成本生活空间、高效化工作设施，保证创意点子的迸发和文化产品的产出。[①]

文化企业"走出去"的软实力构建。

一是构建以"和合"观为主导的跨文化传播准则。文化产业"走出去"首先面对的是跨文化传播与接受问题。如何获得他国文化体系成员的认可是其中的关键。但由于跨文化交流、互通活动常常带有功利性，其目的或者是要从差异文化中寻求利于本文化发展的成分，或者是要将其扩展为产品销售市场，获取经济利益。这导致跨文化交流往往伴有对抗性，接受主体难以在文化消费中获取真正的人文关怀。人的存在其实是具有文化性根基的，文化首先表现为特定的人的文化，群体不同、地域不同都会导致文化的不同，每一个文化体系内的成员都不会希望自己被强行施加其他文化体系的意义编码。归根到底，这是一个文化认同问题。如果文化认同不畅还会导致身份认同的危机，进而形成既游离于自身原有的文化体系，又不属于此刻寄居文化体系的"陌生人"[②]。这种"陌生人"的出现意味

---

① 向勇,刘颖.国际文化产业的政策模式及对中国的启示研究[J].福建论坛(人文社会科学版),2016(4):102-110.

② 盖奥尔格·西美尔.社会学:关于社会化形式的研究[M].林荣远译.北京:华夏出版社,2002:512.

着某个文化体系的保护、指向、规定功能受到其他文化体系的质疑和挑战，其最直接的结果就是文化主体性的危机。如果文化主体的这种平衡状态被破坏，势必会引发激烈的对抗，阻碍跨文化接受。因此，在跨文化传播中不刻意破坏当地的文化伦理体系，尊重主体的文化选择就十分关键。具体来说，这需要构建一种"和合"的跨文化传播准则，倡导"己所不欲，勿施于人""有容乃大""和而不同"的理念。此外，在具体跨文化传播实践中还要坚持情境分析的原则，要根据具体情境因时、因地制定传播策略，做到充分尊重他者文化。

二是以重塑产业伦理带动中国文化产业海外形象的提升。尽管发展文化产业是"一带一路"伦理意蕴实现的重要途径，但如果产业自身在运营中不能维持良好的秩序，其结果也是事倍功半。产业伦理简而言之其实指的就是产业经济发展过程中所涉及的道德关系（正确或错误的行为），是传统伦理在经济领域的深化。而具体到文化产业伦理，则又涉及文化产业的属性问题。由于文化产业区别于一般产业部门的特征主要在于它是以审美性为主要特征的生产，其最终目标是使消费者获得精神层面的愉悦，这就导致了文化产业伦理具有双重标准，一方面要符合道德尺度，另一方面还要符合人文尺度。也就是说，它既要以规范的秩序获取经济效益，又要在经济效益之外展现人文关怀。但在实际的运营过程中，二者却时常爆发冲突。因此，在"一带一路"新机遇下，中国文化产业急需开展一场自净运动，在产业开发、内容设计、市场运营、价值观传达等环节寻求伦理规范，以一个健康、规范的伦理秩序提升中国文化产业在海外的口碑和形象。

三是凸显以对话、互渗、融合等形式构建文化间的"共通性"。在文化产业"走出去"的初级阶段，文化产品因忽视文化差异性而过于强化本土文化色彩，致使在海外市场效果不佳。在跨域文化传播中，本土文化固然是根基，但如果不能因时、因地而变，与当地受众的审美趣味进行融合，也不能获得认可。因此，在保持自身文化特色的基础上，寻求不同文化间的沟通、对话、交融，实现文化的共通性就是文化产业"走出去"的持久生命力所在。这就需要打破区域内的空间界限，进行跨地域、跨文化系统的要素创新与整合。"一带一路"沿线涉及众多国家，汇聚了大量的审美文化资源，是一个庞大的、可供多层次开发的文化宝库，文化多样性是其突出特征，而要对其进行有效利用，则势必要进行创新性改造。如美国《功夫熊猫》系列电影的成功便是得益于对中华文化元素的美国化改造。它表明，只要寻找到"共同的喜好"，具有强烈本土文化色彩的产品也能被异质文化体系的受众所接受。此外，构建文化间的"共通性"还要善于打破时间界限，在历史中寻找共同文化资源，使其再生。从历史的角度看，"一带一路"沿线各国与古丝绸之路有着深厚的历史渊源，它们曾在历史上进行了频繁的文化交流和融合，时至今天仍然有不少文化形态有共通性。因此，按照现代消费需求对这些资源重新进行挖掘和整理，予以推陈出新，不仅有助于产业化开发，也有助于构建当代的文化共通性。①

---

① 柴冬冬.论"一带一路"的伦理意蕴及其对文化产业"走出去"的启示[J].同济大学学报(社会科学版),2020,31(3):30-38.

第三章 "一带一路"建设中文化元素产业化的生产环节调整

依托于"一带一路"合作提供的新平台和新机遇，通过产业化的方式来推动中华文化元素的对外传播，其首要环节就是生产环节。这里所指的生产环节，事实上就是如何将文化元素转化为文化产品和文化服务的过程。其中，既涉及对文化元素的设计、组合、创意与创新，同时也涉及实践层面的产品加工、包装等。可以说，生产环节实际上牵涉到诸多方面，同时包括许多具体的细节。所以，需要我们予以全面的考察和深入的思考。如果说，"一带一路"建设畅通了我们文化产品的海外销售渠道，开拓了文化产品的海外市场，那么，它同样对文化产品的生产环节产生了正向的、积极的促进作用，同时，海外销售渠道的畅通和海外市场的扩大，同样也对文化产品的销售环节的改进和调整提出了更高的要求。换言之，在"一带一路"建设深入推进的全新时代背景下，文化产品的生产环节也需要同步适应新环境和新需要。"一带一路"建设的过程，既是拉近沿线国家民众关系的进程，同时也是异质文化更加紧密和频繁接触的过程，紧密和频繁的接触既能促进不同文化群体的互信尊重和彼此认同，同时也面临着冲突和矛盾加剧的风险。而中华文化无疑是沿线众多民族文化中较具活力的一种，因此其面临的风险同比更高，当然，化解文化之间的误解或者冲突，回避的态度不可取，需要通过文化交流来促进文化包容、互信。因此，中华文化元素中，那些有利于构建和平、诚信等国家形象以及有助于促进和平、包容、共存的国际关系理念的成分，更具现实价值，值得发掘、整理、加工，通过产业化的途径，获得现实的生命力。

第一节　文化元素向文化产品转化的主要途径

众所周知，中华文化元素体量巨大、内涵丰富、底蕴深厚，但是，与之相对应的是，中华文化元素的文化产品的数量、销售成绩却并不匹配，当然，不能否认这与当前中华文化在海外的认同度和接受度不高有关，同时不能忽视的是，这一现状的出现也与中华文化元素的转化度不高、转化效率较低有关。从文化元素向文化产品转化的环节入手，来提高转化效率，是解决这一问题的可取途径和有效措施之一。因此，如何有效、准确地提高中华文化元素向文化产品的转化率，是提高中华文化元素在"一带一路"沿线国家传播效率需要重点思考的问题之一。

一、文化元素取舍标准

文化元素向文化产品的转化，包括物质化和非物质化两种途径和形态，诸如实体的福娃等文化创意产品和非实体的福娃形象等创意符号。无论采取哪种形态或者途径，就其转化环节和程序而言，首先面临和需要思考的问题是转化的取舍标准问题，亦即采取什么样的标准来衡量一种文化元素是否具有产品化、市场化的价值与意义。当然，这一取舍标准具有多重性，是多元化的，标准的制定并非一成不变，实际上也不能一劳永逸地解决取舍问题。从理论上和实践上来看，取舍标准的制定应根据具体的文化元素类型、性质与样态来决定，换言之，不同性质、类型、样态的文化元素具有不同的价值和意义，适应于不同的文化产业化途径和方式。因此，不能从一般意义上或者总体情况上判断和决定一种文化元素本身所具有的产业价值和意义,更为可取和可行的态度与方式,则是实事求是,根据具体的情况来具体分析和判断:一方面,需要根据这一文化元素的形式与内容等诸多方面的独特性表征做"供给侧"的"个案分析";另一方面,需要按照市场需求、经济规则、文化审美、流行风尚等"需求侧"要求来制定转化方案和设计。在这个过程中,要避免出现如下极端倾向:其一,既不能采取妄自尊大、故步自封的态度拒绝时代化、世界化调整与改变需求;其二,也不能为了迎合市场需求,尤其是国外市场,在对传统文化元素进行改造和设计的过程中,采取无原则、无底线的"修正"。上述两种极端态度和做法都是我们要力图避免的和引以为戒的。无论是进行中外文化交流还是对外文化贸易,需要坚持和秉承文化自信的原则,不能妄自菲薄持历史虚无主义和崇洋媚外的态度。总之,文化元素在转化的过程中制定合适的、具有可行性的标准,既要注意方式,还要正确处理对待中华文化元素的认知态度。正如相关学者所指出的:"传统文化的价值限度有两方面表现:一是优秀传统文化自身价值是有限的。我们不能盲目拔高或无限延伸其价值,那种认为传统文化万能主义、任何问题都能从传统文化中寻到解决方法的观念是错误的,我们要在承认传统文化价值有限性的基础上充分发挥其作用。二是传统文化负面价值的消极影响依然长久存在。传统文化源远流长,其中一些思想已经远远落后于当今时代发展,并成为优秀传统文化传承与发扬的障碍。"[①]

二、文化元素的加工

在确定转化取舍标准之后,下一步需要考虑的工作环节则是,对符合转化要求的文化元素进一步加工。在这一环节中,所进行的主要工作则是根据文化元素的具体情况来采取相应的措施与对策。文化元素产业化、市

---

① 吴增礼,王梦琪.中华优秀传统文化创造性转化与创新性发展的维度和限度[J].湖南师范大学学报,2020(1):7.

场化这一命题和实践，其本身就包含文化元素的形态较为"原始"或者"天然"，需要进一步加工、整合与开发。无论是加工、整合还是开发，这些措施中最为核心的要求则是创新：一方面，创新内容，赋予其进入新时代后的丰富内涵；另一方面，创新形式，使其满足"一带一路"建设下日渐多元化的精神文化需求。因此，在很多场合和表达上，我们将文化产业也称之为创意产业，正是创新这一转化核心特征的体现。在创新的过程中，我们需要注意到："优秀传统文化在当代发展，不能停留在继承阶段，仅仅满足于文本与遗迹的保存，更重要的是对其进行现代性诠释，激活传统文化中的优秀因子。"[①]"激活"这一概念、术语和命题自从近年被提出以来，受到广泛的关注并被不断地使用，正说明了传统文化、文化元素的价值日益得到重视，同时也反映出了当今社会对传统文化的需求不断扩大，以及对其形式和内容进行创新的迫切性。文化创新涉及不同的层面和多重的领域，其中民众的创新意识已经形成，文化企业的创新激励机制和效果也不言而喻，本书所关注的是创新的顶层设计和宏观布局，正如相关研究者已经指出，在国家层面上，"要建设国家文化创新系统，努力营造文化创新的政策制度和人文环境，最大限度地融合并发挥各创新要素的潜能，形成以国家整体利益为总目标的协调统一和相互支持的文化创新的体制优势，促进国家整体文化的创新和赶超能力"[②]。我们一直强调文化软实力是一个国家国际竞争力的重要组成部分之一，而形成国家层面的整体性的创新意识与观念、氛围与态度、能力与机制则是基础性工作。当我们将中华传统文化、中华文化元素视为一个整体，进而来考虑它的创新问题的时候，必须置于上述这种宏观视野和角度予以分析和思考。尽管我们从国家整体角度已经认识到创新的必要性和重要性，但是创新机制、氛围的形成还有很长一段路要走。

---

① 吴增礼，王梦琪.中华优秀传统文化创造性转化与创新性发展的维度和限度[J].湖南师范大学学报，2020(1)：3.

② 张彩凤，苏红燕.全球化与当代中国文化产业发展[M].济南：山东大学出版社，2009：175.

三、文化元素的激活与创新

中华文化元素的"原始"与"天然"状态，既是发展文化产业的资源优势，在某种程度上，同时也是激活与创新的障碍与束缚。文化元素的"原始"与"天然"状态，既可以理解为文化元素本身所具有的浓重的民族色彩和民族特征，也可以解释为文化元素所富有的历史性和传统性表征。对于前者而言，则意味着与世界其他民族文化之间的显著差异或者巨大鸿沟；对于后者而言，则意味着与当下时代的历史距离感以及传统与现代之间的疏离感。因之，这两者都对我们创新、激活与转化文化元素带来了挑战与难度。文化产品和文化产业不同于其他物质产品和物质产业的一个显著特征是，它们是"通过创造供给来培育和创造消费需求"，换言之，文化产品和文化产业是通过自己来开拓市场。①而这种自我创造需求的关键动力则是依靠创新，显然，当下，在国际市场和"一带一路"沿线国家中，中国文化产品的原创能力还有待提高，并未形成成熟和稳定的需求自我创造机制。总体来看，因创新能力不足，导致文化产品的供给与"一带一路"沿线国家的精神文化需求之间，并未形成动态的平衡，不仅长期处于供给不足或者需求有限的悖论状态之间，而且两者之间的匹配度、契合度、精准性较低。可以说，这一问题的形成由来已久，也并非短期内可以迅速和有效解决的。

"原始"与"天然"状态的中华文化元素对创造性转化或者称之为创新产生了迫切需要。从其他国家和民族的"他者"视角来看，中华文化元素的那些"原始"与"天然"状态，更多地呈现的是传统中国形象，并且或多或少地形成了某种认知固化，同时，在某种程度上有意或者无意之中使"他者"受众群体忽略了当下中国或现代中国。值得注意的是，我们在进行对外文化传播的过程中，在很多情况下将表达和传播的焦点与重点集

---

① 张彩凤,苏红燕.全球化与当代中国文化产业发展[M].济南:山东大学出版社,2009:149.

中于中华文化元素的传统部分。换一个角度来看，此种中华文化元素的对外传播并不是满足海外"他者"受众的审美需求，实质上是满足他们猎奇、好奇心理。这不仅造成了国外受众对中国形象认知的偏差，而且还加深了中外文化之间的交流与理解鸿沟。中外之间的文化交流，本意是加深彼此对当下中国的认知和理解，从更高层次和更深远意义上来讲，是在全球化大趋势下保证中外之间沟通的高效与畅通，服务于世界命运共同体、责任共同体和利益共同体的建构。而上述提到的传播上的偏差行为与举措，将中国形象人为割裂，武断划分，造成误识、误解乃至误判。因此，在对中华文化元素创造性转化的过程中，无论从供给侧，还是需求侧出发，均须力戒和避免出现上述极端倾向。

文化创新、文化产品创新、文化产业创新机制的形成，不仅是本行业高质量发展的内生动力，还是整个国家经济高质量内涵发展的重要力量，正如魏鹏举所指出的："我国宏观经济正处于从高速度向高质量转型的关键时期，文化创新如同科技创新、制度创新一样，成为经济高质量发展的重要内生能量。"[①]

四、文化产品创新中的组织与人才

1.文化产品创新中的组织主体

文化产品创新从中观和微观层面来讲，主要由文化企业和个人（创意人才）组织、承担和负责。文化企业从事文化产品的创新创意设计和开发，具有组织优势、规模优势、资金优势，而且有着较高的资源利用和转化效率。当然，我们必须正视我国文化产业和文化企业起步较晚，发展较慢，规模不大，国际竞争力不强，文化元素的转化效率不高，原创能力有限等诸多弱势和不足。正是因这些弱势和不足，实现"弯道超车"和"后发跨越式"发展的关键和核心，恰恰是依靠创新和原创能力。对中美之间

---

① 魏鹏举.中国文化产业高质量发展的战略使命与产业内涵[J].深圳大学学报,2020(9):48.

的文化产业和文化对外传播状况稍加比较分析可以发现，中美之间在文化资源尤其是传统文化资源储备上存在着中多美少的巨大悬殊，但实际上美国文化的国际影响力、感染力、传播速度和效应远超过中国，美国的文化产业正是通过创新和原创能力这个中介和杠杆达到这种以小博大的效果。这更加说明文化资源是否丰富并非决定文化产业是否发达、国际竞争力是否强大的关键因素，创新和原创能力才是核心变量。根据欧美文化产业强国的实践经验可以发现，它们迥异于我国的文化对外传播体制特征是，文化、传媒企业等营利性组织是从事文化创新的主体。当然这不意味着我们要采取欧美的模式，减少、放弃或者停止由国家政府承担的文化对外传播职能。更为重要的是，调整国家政府层面的工作方向，一是加强文化产业发展的宏观调控与顶层设计，二是从制度与政策层面予以文化企业更好的发展环境与空间，三是做好文化资源的调查、整理和保护等产业化的基础性与前置性工作。

2.文化产品创意中的人才因素

创意人才是文化产业发展的重要人力资源支撑和文化创新活动的具体执行者。随着中外交流的扩大和深入，文化产业自身的发展，以及高等教育体系中相关专业的开设，在创意人才方面，尽管相比于欧美文化产业强国还存在一定的差距，但自从改革开放以来，我国的创意人才市场日渐成熟，创意人才队伍也日渐国际化。从整体上来看，文化产品创意人才队伍努力做到与国际接轨，有着明确的市场意识，在创意风格上日具个性化特征，基于受众审美偏好和习惯，考虑到了跨文化交流的文化差异性。除了直接从事文化产品创意人才之外，还有一类文化产业中的综合型、复合型人才发挥着关键性作用，这类人才"熟悉国际经贸规则，掌握文化传播、金融运作、市场营销、商务管理、现代企业管理等专业知识"。如果说文化产业创意人才负责文化产品的"产"，那么另一类人才则承担文化产品的"销"，但实际上承担文化产品"销"的文化经营类人才和专业的文化贸易人才不仅数量有限，而且整体素质偏低。①即使在当前我国对外文化产业仍处于发展期的当下，文化产业所需各类人才均无法满足产业发展的需求，更不用说随着"一带一路"持续推进，我国文化产业面临更大的市场发展空间，人才缺口之大可想而知。今后一个时期，无论是专业性的文化产业创意人才，还是综合型、复合型的人才，都是人才培养的重心。另外一个值得注意的现象是，近年来随着中国国际地位的提升与文化自信的增强，带来了整体上的民族自信心的增强和对民族文化自豪感的提升，在中外文化交流上、文化产品的设计上，勇于展现中国气派、中国风格和中国精神。

第二节　文化产业数字化转型

一、文化产业数字化概念阐释

根据近年来文化产业的发展趋势，和当前国际社会与全球市场对文化产品的需求情况来看，文化产业的数字化或者称之为数字产业，正成为当前的热点和热门方向，这也正是新的科技革命将全球带入信息化时代的产业体现。文化产业数字化，主要体现为文化与互联网、数字经济平台渠道的相互融合，可以认为它是随着现代科学技术，尤其是互联网技术和移动新媒体技术的发展，借助于虚拟经济社会背景，以"知识、科技、信息、智力、符号与媒介为主要运营资本的文化经济形态的转型与升级，是由文化内容、科技、资本三者联合塑造的文化模式的创新"②，在此意义上，可以将其视为具有丰富文化内涵的新型工业化发展模式。根据最新的研究

---

① 徐望.文化资本时代的中国文化产业论[M].北京:中国经济出版社,2017:252.

② 师英杰,刘然.新发展阶段实施文化产业数字化战略探究[J].治理现代化研究,2021(3):66.

观点，它具有如下四个突出特征：技术依托、内容为王、多元载体、跨界融合。①上述特征，也是其区别于其他产业形态乃至传统文化产业的主要标志和优势所在。通过技术支撑形式创新，将传统的文化内容或者文化元素通过全新的方式和形式表现出来，能够提供储备丰富且供给精准的文化产品。这是对文化供给丰富但无效，需求旺盛但有效供给不足等传统的文化产品供给状况的一种纠正和调整，借助于现代化的科技手段所带来的文化消费的便利性、高可触性、精准性，可以有效解决上述问题。尤其是在当下，"一带一路"合作倡议为我国文化产业的对外发展提供了良好的契机和平台，同时，也对我国文化产业的数字化、信息化水平提出了更高的要求。大力推动文化产业的信息化发展，是欧美文化产业强国巩固其既有地位和优势的必经之路。对我国文化产业的发展，产生了持续的外部压力和竞争挑战。加之，在与沿线国家文化的亲缘性上，与欧美部分国家相比，中华文化并不占有明显优势，这一系列问题，使得我们必须在文化产业的数字化上投入更多。

　　针对这种新的形式和情况，我国的文化产业在发展方向、产业结构布局、政策引导、人才培养等诸多方面，也要进行相应的调整与变动。正如胡惠林所指出的，"人类社会正在进入数据文明时代"，因此"能否和在多大程度上掌握文化产业的'数据话语权'，将长期考验中国文化产业在数据文明时代的战略创新能力与程度"②。相对于欧美文化产业强国，我国因文化产业起步较晚，且缺乏较强的国际竞争力，导致我国在参与全球文化产业新一轮数字化、数据化、智能化升级潮流中，处于相对弱势地位，但是，另一方面我们可以发现，因我国及时参与和介入了新一轮的科技革命，与世界发达国家同步进入信息化时代，这也为我国文化产业数字化发展，提供了一定的技术基础。可以说，生活方式、工作方式等诸多方面所

① 李凤亮，宗祖盼.科技背景下文化产业业态裂变与跨界融合[J].学术研究，2015(1)：138.

② 胡惠林.文化产业发展的中国道路：理论·政策·战略[M].北京：社会科学文献出版社，2018：444.

实现的网络化、信息化，使得数字产品形成了庞大的需求市场，也使文化产业的数字化发展产生了广阔的市场空间。国内市场、产品与产业的日渐稳定与成熟，为文化产业进军"一带一路"沿线国家等海外市场奠定了一定的基础。

随着国内生活水平的普遍改善，民众精神文化需求的增强，以及庞大的人口基数，我国已经成为全球最大的文化产品消费市场。国内的文化产品市场，除了在规模大小上，与"一带一路"沿线国家市场存在显著差异外，还存在一系列的差异特征。除了我们前文讨论到的中外文化贸易存在的挑战与困难外，其中最为突出的是，沿线国家的数字化发展水平并不一致，总体上来看，与我国当前的发展水平还存在相当大的差距和空间。信息化和数字化程度，是影响乃至决定文化产业发展水平和文化产品需求市场规模的关键性变量和因素。正视并提出可行性解决方案，是我国文化产业走向"一带一路"沿线国家无法回避的问题。不可否认，市场接轨问题，并非是我国文化海外发展所独自面临的问题，基本所有欧美文化产业强国在向外发展过程中都面临类似、甚至更为严重的问题。实际上，相较于文化鸿沟、民族差异，市场差异问题并不是文化产业跨国发展的最主要的阻碍和束缚。根据其他国家的发展经验来看，最为有效的、成本最低、道义上可取的，适合我国国情和国际政策的，还是采取"以文化人"的文化沟通方式（区别于其他国家的文化霸权、政治高压、文化渗透政策），当然，这一过程较为漫长，但其效果更为持久，具有不可逆性，所引起的文化冲突和文化摩擦也较小。"在国际传播进入社交媒体传播、文化传播的形势下，新型文化业态凭借传播速度快、覆盖面广泛、地域跨界强等特点，成为对外文化价值传播的利器。"[1]

针对"一带一路"沿线国家信息化水平发展程度的高低不同，我国文化产业在对外发展的过程中，对文化产品的加工、设计和生成，应采取与之相适应的信息化、数字化、智能化水平。换言之，根据市场需求的多样

---

[1] 师英杰，刘然.新发展阶段实施文化产业数字化战略探究[J].治理现代化研究，2021(3):66.

性、层次性，来保证供给的精准度和匹配度。

早在2017年国家文化部就出台了《关于推动数字文化产业创新发展的指导意见》，其中首次明确提出数字文化产业概念。数字文化产业以文化创意内容为核心，依托数字技术进行创作、生产、传播和服务，呈现技术更迭快、生产数字化、传播网络化、消费个性化等特点，有利于培育新供给、促进新消费、形成新模式。[1]数字文化产业已经成为文化产业中发展最快、最具潜力的发展部分，同时数字化也是我国文化产业未来的发展方向，尤其是在国际国内双循环格局下，是加快文化元素转化效率，走向海外市场，以及"弯道超车"的关键所在。

二、传统文化服务业的数字化改造

从国家外贸统计数据来看，当前一个显著趋势是实体的文化产业处于顺差，非实体的文化产业尤其是文化服务如旅游业等长期处于逆差状况。魏鹏举根据2013—2018年国家统计局相关数据分析认为，从具体的文化贸易来看，我国的文化产品贸易虽然多年来都保持较大的顺差优势，这很大程度上是得益于我们的制造业成本优势的结果，而最能体现文化产业本质特征的文化服务却长期存在逆差。[2]

相比于欧美等发达国家，我国所具备的完整的工业体系和产业链以及相对较为低廉的劳动力价格，使得我国的文化产品在走向国际市场、参与国际竞争的过程中，能够具备成本和价格上的优势。但是，这种优势并非可持久的，随着我国劳动力价格的上涨所带来的劳动成本增加与产品成本提升，将日渐缩小我国与欧美发达国家之间的成本差距。这必然加剧我国文化产品的国际竞争形势，同时，也促使我国文化产业结构调整的幅度加

---

① 高宏存,纪芬叶.区域突围、集群聚合与制度创新——"十四五"时期文化产业高质量发展的大视野[J].行政管理改革,2021(2):20.

② 魏鹏举.中国文化产业高质量发展的战略使命与产业内涵[J].深圳大学学报,2020(9):53.

大、步伐加速。国家外贸统计数据结果，已经较为精准地指明了当前和今后一个时期，尤其是在开展"一带一路"文化产业合作过程中，产业结构调整的一个重要方向是大力推动文化服务业尤其是旅游业的发展。当然，这里所重点提出的旅游业，是在新的时代背景下，在传统的旅游业形态上升级改造后的数字旅游业或智能旅游业。即通过数字化赋能旅游业，提升旅游业的服务水平、改造旅游业的形态，注重形成数字化、智能化体验。依托于强大的通信基建网络，我国当前的互联网、移动网络使用规模已经领先于其他国家市场。这种庞大的客户主体规模和体量，使得我国在发展数字化、智能化的文化产业上，具有雄厚的市场基础。就这一点而言，西方欧美文化产业强国是无法与我国同日而语的，这也是我国文化产业参与国家数字化、智能化竞争的比较优势所在。所以，当前，我国积极倡议和参与"一带一路"国际合作，其中重要的一条就是大力推动包括通信设施在内的基础设施建设，这是保障沿线国家和地区市场能够长期、稳固发展的关键和基础所在。

三、数字文化产业新业态

旅游业作为传统的文化服务业，通过"互联网+"的方式转型升级，是信息时代产业发展的必然趋势。此外，还有不少新业态随着互联网技术的进步不断涌现，如数字视听、网络游戏、网络文学、直播视频等。这些新业态的出现，是传统媒体与新媒体相融合，互联网与移动网络深入发展的结果，它们在相当大程度上改变了文化产业的形式，使得文化产业中，数字化、智能化等相关业态成为文化产业的主体，同时也成为产业经济增长的支柱。作为一种新的业态，它们使得我们通过传统的方式组织、展现文化元素的方式和形式朝着更加智能化、互动化的方向跃进了一大步。具体而言，从供给侧来看，使得文化元素的创造、转化效率大大提高，将现代数字技术、现代科技手段应用到生产供给端，创造适合现代消费需求、传播需求和销售需求的文化产品，从产品源头入手推动文化产业数字化转型。供给端数字化转型为大规模广范围的个性化定制创造了更大可能性。①从需求侧来看，能够显著提升文化体验感。尤其是面对不同文化群体的消费者而言，通过改善形式和提升体验，能够有效降低文化隔膜，增加理解度。有鉴于此，有研究者提出了"跨界联姻"的文化产业发展总体性思路："即文化产业发展必须与数字技术、互联网平台等新兴技术和平台联姻，使得传统文化产业迈向数字文化产业。"②众所周知，在传统的技术水平上，文化产品的形态与样貌并没有显著的改变，而近几年来快速突起的移动网络，及随之进入的"自媒体"时代和"5G"时代，正进一步更新和定义文化产业业态、文化产品形态、文化服务生态。顺势而上、抓住机遇，进一步扩大信息化规模，提高信息化水平，利用"一带一路"国际合作平台，瞄准国际前沿动态，努力打造行业标杆，制定行业发展规则和掌握话语权，是当前文化产业发展顶层设计中刻不容缓的工作任务。

近年来，国家政策层面，顶层设计中有不少关于推动文化产业数字化发展的制度安排。2014年，国务院颁布了《关于推进文化创意和设计服务与相关产业融合发展的若干意见》；2015年，国务院发布《关于积极发挥新消费引领作用加快培育形成新供给新动力的指导意见》指出，动漫游戏、创意设计、网络文化、数字内容等新兴文化产业及传统文化消费升级，未来发展空间广阔。2016年，国务院印发《"十三五"国家战略性新兴产业发展规划》，设专章对数字创意产业发展进行部署。2017年，文化部印发《关于推动数字文化产业创新发展的指导意见》。2019年，国务院办公厅印发《关于进一步激发文化和旅游消费潜力的意见》指出，促进文化、旅游与现代技术相互融合，发展新一代沉浸式体验型文化和旅游消费内容。2020年，文化和旅游部发布《关于推动数字文化产业高质量发展的

---

① 高宏存,纪芬叶.区域突围、集群聚合与制度创新——"十四五"时期文化产业高质量发展的大视野[J].行政管理改革,2021(2):20.

② 黄岚.5G时代数字文化产业的技术创新与跨界发展[J].出版广角,2020(17):40.

意见》，总结了近年来数字文化产业发展规律，对新兴的数字文化产业作出了顶层设计。

四、文化产业数字化转型中的守正创新

文化产业的转型与高质量发展需要坚持守正创新。当下，文化产业正处于一个高速发展，但是发展模式和发展路径多元化的时期，必须从国家工作全局性、社会发展整体性、人类社会长期性、国际关系复杂性等角度，来综合认识和正确对待文化产业的数字化转型问题。一个基本前提和态度是，坚持守正创新，正确认识和处理文化、经济、科技三重属性之间的地位和关系。尤其针对那些只强调经济和科技属性而忽视文化属性的错误观念，要予以及时和准确地纠正。必须正视并且牢记数字化的文化产业的第一属性是文化，经济属性和科技属性尽管非常重要，但是无法取代文化属性。这是文化产业区别于其他产业类型的显著标志。因之，文化产业的数字化转型，必须始终将文化属性与社会效益置于第一位，同时，在此基础上积极发挥科技创新的催化效用与市场配置资源的积极作用。[①]我们必须充分认识到，文化产业和文化产品其终极目的和价值体现在为人服务，满足消费群体的精神文化需求。包括数字化、信息化在内的科学技术，必须服从于这一出发点和落脚点，文化产业的数字化发展，实质上只是提供一种更为有效的技术手段和方式。在市场经济下，追求经济效益已经成为文化产业的目标之一，但是过度强调经济效益，也出现了一些弊端。由此也导致了我国文化产业发展过程中的一个不良现象，即文化产品总量供给充足，但有效供给不足，高质供给有限。

党的十九届五中全会通过的《中共中央关于制定国民经济和社会发展第十四个五年规划和二〇三五年远景目标的建议》，明确提出要求"实施文化产业数字化战略，加快发展新型文化企业、文化业态、文化消费模

---

① 魏鹏举.文化产业高质量发展的守正创新之道[J].人民论坛,2021(4):104.

式"。无论是适应国际化、市场化的需要，还是加大科技投入，依靠创新驱动发展，均离不开国家相关体制和机制的改革和调整。数字化的文化产业外向式发展过程中，需要妥善处理和解决好内在制度支撑问题，通过不断的改革探索释放市场活力，营造一个鼓励科技投入、尊重知识产权的社会氛围和经济生态。

第四章 "一带一路"沿线市场文化产业定位和销售环节

依托于现有的以及将来不断拓展壮大的国内外文化产业来促进中华文化元素的对外传播,其中非常关键的一点就是,利用"一带一路"合作平台不断健全的历史机遇期,瞄准并深耕沿线国家和地区的文化市场,把握沿线国家和地区民众的文化产品喜好和偏好,不断优化文化产品的销售环节,在及时更新、调整已有的跨国和目标国销售网络的基础上,开拓新的以"互联网+"为特色的销售渠道。得益于"一带一路"合作的深入推进,沿线国家的市场整合程度、地区性和国际性贸易便利性将得到显著提高。目标市场既是我们文化产品销售的终端,同时也是我们调整文化产品类型、品种和文化产业的关键性导向标。通过文化产品和产业化的实体形式,来推动中华文化元素的对外传播,是显著区别于传统的文化宣传方式和渠道。其中,至关重要的一点是,在整体掌握中华文化元素现状的前提下,需要根据目标国家的民众文化类型和文化市场具体需求,来筛选、改造、"升级",甚至"定制"中华文化元素的表现方式、形式和载体。当然,需要特别指出的是,此处所谓的改造、"升级""定制",并不是改变中华文化元素的内涵,而是通过精加工的方式,或者在原有内涵的基础上赋予新的内涵,或者是将原有内涵的表达方式予以更新、调整,旨在以更加灵活的方式适应其他国家民众的文化审美需求。因此,这一部分主要借助于相关文化市场理论,来讨论如何在"一带一路"合作的基础上,深化中华文化元素产业化途径的市场定位和导向，以及通过考察现有的文化产品海外市场销售机制，来为新时期中华文化元素的产业和产品的销售环节的优化、改善，提供若干具有现实性和针对性的建议和策略。

第一节　市场定位的理论分析和实践思考

一、中华文化元素的产业化定位

"一带一路"视角下，中华文化元素产业化途径应定位为以文化产业或文化产品为媒介，通过对文化元素的传播和内涵式挖掘创新，把先进文化转化为先进生产力。当代文化的发展高度反映着对应生产力的发展水平，文化作品代表先进文化，就能推动生产力发展，反之就会成为生产力发展的障碍。

一般说来，一定的生产力水平、消费水平和社会经济体制，既决定着文化产品生产和消费的总量和结构，又决定着其生产方式和消费方式。文化产业的产业规模、发展水平、运营机制、管理方式只有适应生产力发展，宣传代表先进生产力的精神时尚，才能使文化产业健康发展。而从经济新常态语境视角出发，要把我国国际文化贸易的着力点转向优化产业结构。对文化产业来讲，优化产业结构，需要特别关注经济新常态下生产、生活、交往、消费方式的变化，尤其需要深刻领会互联网思维下数字技术的引领与应用的驱动价值。进入"互联网+"时代，要以互联网思维来关注文化产业自身的生产、传播、消费的新变化，推动文化产业向高端形态提升，不断提高代表先进生产力水平的生态科技型产业形态的占比，从而有效激发文化生产力。当前，文化产业要在新常态下保持"超常"发展，就必须借助互联网发展的无限前景和无边潜力，契合当下消费群体的代际

（互联网"原住民"逐渐成为消费主力）结构变化，为在文化产业领域实现"大众创业、万众创新"奠定基础。

1.文化产业市场的需求分析——"一带一路"沿线国家

随着"一带一路"国际合作的稳步推进，沿线国家之间经贸往来的频繁，使得原有合作空间不断深化和扩大，新的合作点不断突显，激发了原有市场和新兴市场的巨大消费需求，在对中国产业、技术、产品、服务需求日益扩增中同样包含着对中国文化产业产品和服务的巨大需求。另外，随着"一带一路"沿线国家经济水平的稳步提升，以及普通民众生活水平的提高和购买力的提升，同样增强了对生存性消费之外的发展性消费和享乐性消费的需求，其中包括了文化产品和服务的消费需求，为中国文化产业在沿线国家销售市场的扩大提供了潜力和机会。从另一层面看，随着中国与沿线国家之间经贸人文合作的逐渐紧密，同样也激发了沿线国家民众对中国国情、历史和文化的了解热情和渴望，为中国文化产业对沿线国家的出口提供了巨大的发展和增长潜力。

2.文化产业市场的需求分析——国际现状

放眼全球，目前国际文化市场发展呈现出十大特点。[①]综合来看，主要表现为三方面：①全球文化市场总体上继续呈现出高增长趋势，产值和增速表现出"双高"的态势。据统计，2018年全球游戏市场同比增长13.3%，全球游戏市场总收入达1379亿美元；2010年至2018年，全球电视收入平均每年增长6.20%，2018年全球电视收入约524亿美元（包括付费电视收入、公共基金和电视广告），居各行业之首；2017年全球录制音乐收入同比增长了8.1%，收入总计达173亿美元；2012年至2017年，国际电影市场年均复合增长率近4%，2017年全球电影票房收入达到了406亿美元……②数字化文化产业已成为全球文化市场的主流，用户付费习惯正在养成。2017年，全球数字3D银幕的增速为14%，总量已经接近10万块，在全球数字电影银幕中的占比达到了59%。四大区域中3D数字银幕占比

①参见《国际文化市场报告2018》.

最高的为亚太地区，达到了81%。这在很大程度上源于亚太地区的后发优势。音乐流媒体以及付费订阅音频流媒体规模激增，截至2017年，全球流媒体收入增长了41.1%，其中付费订阅流媒体的收入更是激增45.5%，付费用户的数量增加了6400万，到2017年底这一数字达到1.76亿，增长超过五成。移动化游戏和视频强势崛起。2018年，全球游戏市场总收入1379亿美元，其中，手机游戏市场是当前最大的游戏市场。移动视频用户流量可观，并出现了综合性视频、聚合视频、垂直视频、网络电视、移动短视频等各个细分领域。③北美地区文化市场趋于饱和，亚太地区是全球文化产业增长最快的地区。纵观全球，北美地区文化市场高度成熟、趋于饱和；欧洲文化市场表现平平，着眼点是如何保护本土市场，总体处于守势；亚太市场增长强劲，成为后起之秀。

3.文化产业市场的需求分析——国内现状

中华文化元素的产业化准确定位，不仅要综合分析当前全球文化产业与"一带一路"沿线国家的发展现状和趋势，还要结合新时期以来我国国内文化产业发展的导向与已形成的显著特点，即走具有中国特色的中华文化元素产业化道路。党的十八大后，文化"走出去"政策已上升为国家文化战略高度，统筹国际、国内两个市场，加快发展对外文化贸易，努力扩大中华文化影响力已取得显著成效。综合分析来看，中国文化产业的发展现状呈现出三个显著特点。

一是中国文化产业整体实力接近战略性支柱产业地位。"十一五"以来，文化产业得益于制度改革红利，快速成长，平均增长速度远超同期经济增长速度。根据国家统计局测算，在未扣除价格因素影响条件下，2017年我国文化产业实现增加值35 462亿元，比2004年增长9.3倍；2005—2017年年均增长19.7%，比同期GDP现价年均增速高6.3个百分点，快速增长态势明显。文化产业增加值占GDP的比重已经由2004年的2.15%提高到2017年的4.29%，对GDP增量的贡献年平均达到4.7%，①因此，整体而言，我国文化产业的增速仍在一个较快的水平，文化产业对GDP增量的贡献也愈发明显。伴随着中国经济换挡转型进程不断推进，文化产业发展成为我国产业发展提质增效的动力和支撑，产业融合趋势突出。文化与互联网、旅游、体育等行业融合发展，跨界融合已成为文化产业发展最突出的特点。国内文化产业实力的整体性跃升，成为我国文化"走出去"的基础和条件。②

二是文化产业内部结构高端化发展趋势明显。相较于体量的增长，我国文化产业行业门类齐全，内部结构变化也体现了与我国经济高质量发展转型要求的内在一致性，文化新业态发展强劲，"互联网+文化"成为文化产业发展的重要趋势。在文化产业的9个行业类别中，以"互联网+"为主要形式的文化信息传输服务业占比第一。数字内容、动漫游戏、视频直播等基于互联网和移动互联网的新型文化业态成为文化产业发展的新动能和新增长点，文化产品和服务的生产、传播、数字化、网络化进程加快。据国家统计局2019年2月11日公布的数据，2018年，我国规模以上文化及相关产业6.0万家实现营业收入89 257亿元，比2017年增长8.2%，高于国内生产总值6.6%的增速。从统计数据看出，文化产业自身发展实绩突出，而且对我国经济转型升级的整体带动作用越来越大，主要表现为：①文化产业内部结构益发优化，新兴文化业态发展呈现出良好的态势；②文化服务业占比继续扩大，文化产业发展壮大对经济转型升级拉动作用越来越大。

三是文化产业管理和投融资环境更加优化、便利。中国国内已经建立了18个自贸区，对接国际规则，在发展开放型经济过程中自主扩大开放，

①国家统计局.文化事业建设不断加强 文化产业发展成绩显著——改革开放40年经济社会发展成就系列报告之十七[EB/OL].(2018-09-13)[2021-08-23].http://www.stats.gov.cn/ztjc/ztfx/ggkf40n/201809/t20180913_1622703.html.

②刘翠霞,高宏存."一带一路"文化产业国际合作的优势选择与重点领域研究[J].东岳论丛,2019,40(10):56-65,191.

在全球资源整合中完善产业链，不断完善外资投资目录，清单外领域实行准入前国民待遇管理。根据世界银行营商环境评估报告，我国营商环境总体评价在全球190个经济体中已经跃居第46位，比2013年累计上升50位。其中开办企业便利度大幅度跃升至第28位，五年累计上升130位。[①]截至2018年1月，中国已与16个国家签署了自由贸易协议，并且有10个自贸协定推进谈判。内外互动的自由贸易区建设实践，为推动文化产业国际合作奠定了基础。中国文化产业国际化发展的区域选择及目标市场定位，必将受益于一般产品在开拓国际市场及调整产业空间布局方面的先行实践基础。

不可否认，现阶段我国文化产业的国内市场规模很大，但这一规模优势还没有转化为国际文化贸易中的竞争力优势。"产业要素国际流通权利、市场配置权利、贸易方式主导权和文化传播权利等取决于文化产业国际竞争力强大的国家。因此，分析和认识中国文化产业国际竞争力薄弱的原因是提升中国文化产业竞争力的当务之急"[②]。尽管我国国内文化产业行业门类齐全，但从我国对外文化贸易的整体情况来看，产业结构单一，发展不均衡问题仍较为突出。出口产品主要是一些以低端的人力与文化资源为主要产品要素的劳动密集型贸易产品，文化产品及服务的创新、管理能力有所欠缺，目标市场过于集中，文化服务发展相对滞后，这些都是我国文化贸易相对于其他发达国家所不足的地方，日后仍需对我国的文化产品与文化底蕴建立强烈自信心，在价值引导力、市场竞争力及国际影响力上扎实地推动我国文化贸易的创新发展。

4.我国文化产业市场国际化的影响因素分析

我国经济发展已经深度融入世界经济整体格局，贸易伙伴已由1978年的40多个国家和地区发展到2017年的231个，其中欧盟、美国、东盟、日

---

① 张文君.今年我国日均新设企业1.84万户[EB/OL].(2018-12-23)[2021-08-23].http://www.gov.cn/xinwen/2018-12/23/content_5351252.htm.

② 童莹.中国文化产业国际化的场域冲突和重构[J].改革与战略,2018(10):85.

本等为我国主要贸易伙伴。2017年中欧、中美、中国东盟贸易额占进出口总额的比重分别为15%、14.2%和12.5%。即使不考虑我国经济发展新常态的中高速发展实践，结构性调整和转型升级本身的压力，如今我国经济发展也受到外部环境制约，面对"一带一路"沿线国家和地区复杂的政治、经济和文化环境，文化产业合作受到国际政治、国际贸易环境与规则的影响。①

据国内外文化产品贸易研究理论和文化产业发展实践经验来看，影响文化产业国际化的因素与变量众多，如贸易双方国的人口规模和经济总量规模、语言文化元素（包括共同语言、文化亲近度）、历史传统、消费结构和习惯与居民购买力、地理空间距离、市场成熟度和规则水平、贸易保护倾向，这些因素综合作用影响文化产业的国际贸易水平，当然它们的影响和作用具有不均衡性，对于不同的国家、不同的产业形态其影响和作用的运作机制存在一定程度的差异性。"一带一路"背景下国际市场营销中跨文化障碍主要体现在三个方面：①文化价值观差异。价值观是社会原则、目标或者被特定文化中的人们普遍接受的标准。它规定了在特定的文化背景下，什么是恰当的，什么是不恰当的行为。当然，受到不同环境、宗教、归属及语义差异的影响，文化价值观因国而异。例如，美国人公私分明且珍惜时间，因此与美国人进行贸易往来时应当直截了当，公事公办；相反，日本人在工作中很重视关系的建立，也更程序化和规范化，与日本人的商务往来则需投其所好，建立良好的商务关系。②语言差异。在国际市场营销中，语言的差异会导致买卖双方或多方沟通不畅甚至理解上的障碍。语言差异，不单单体现在表达方式上，更体现在人们的思维方式和文化差异上。这一差异所导致的最直观问题就是翻译障碍，而翻译障碍不仅会影响到该品牌在国外营销的形象，甚至会造成国际笑话。一个最典型的翻译错误就是"白象"电池，该品牌的产品质量过硬，价格公道，在

---

① 刘翠霞,高宏存."一带一路"文化产业国际合作的优势选择与重点领域研究[J].东岳论丛,2019,40(10):56-65,191.

国内销量极好，然而最初扩展海外市场时却并不受人们青睐，正是因为不了解国外文化，导致将"白象"直译为"White Elephant"，是指无用、昂贵的东西，自然不会有人光顾。③社会习俗。社会习俗涉及的内容十分广泛，它包含了人们的语言表达，男性与女性的关系及工作环境中的平等，衣食住行等。即使在同一国家的不同地区，社会习俗也会有所差异，因此在国际市场营销中，更应当了解他国社会风俗习惯，避免因此错失良机。在"一带一路"背景下，我国各型企业"走出去"的机会越来越多，但同时也意味着如果不了解他国习俗，一概而论，就会在企业营销中给别人留下刻板甚至不好的印象。

基于对传统贸易理论的有益借鉴并考虑到文化产品的与普通产品的差异性，结合当前国际文化贸易的最新动态的进展，邵军研究提出，决定文化产品贸易模式的两个主要的基本变量是市场规模程度和文化差异性程度，这两个基本变量在文化产品国际贸易的规模大小和市场流向的形成和决定机制中处于基础性地位，发挥着主导性作用。[1]

对近期和当前时期我国文化产品国际贸易模式的分析，则需借助于在搜集和整理有关统计数据的基础上，采用引力模式来加以呈现和分析。所谓的引力模型，其基本点在于以下假设前提：世界上两个国家之间的贸易规模由吸引力和排斥力这一对相互对立的力量互相作用形成。吸引力一般指代经济规模，具体如经济产出总量和人口总量等指标。排斥力一般指代经贸成本，具体如空间地理距离远近。理论上，两个国家的贸易规模与经济总量呈正相关关系，而与空间地理距离呈负相关关系。通过引力模式所揭示的当前较长一段时期内我国文化产品国际贸易模式基本呈现如下几个方面的特征：其一，从经济规模角度来看，一方面，我国总体经济形势的持续快速发展和增长，为文化产业规模经济效应的实现提供了良好经济生态，推动了文化产业供给侧的结构完善，提高了文化产业的供给产能，间接推动了文化产业产品出口质量的提升与结构的优化；另一方面，我国文

---

① 邵军.中国文化产品出口贸易发展机理及政策研究[M].北京:经济科学出版社,2015:27-31.

化产品出口国消费市场同样与经济规模成正比，西方欧美经济发达国家同样也是文化产品消费大国，居于高位的居民消费水平和购买力形成了巨大的精神文化产品消费需求和市场，这是包括我国在内的广大发展中国家推动文化产品出口、促进文化产业升级的重点目标市场。其二，从空间地理距离角度来看，文化产业或文化产品的国际贸易相对于制造业等传统产业而言，受地理距离的影响程度并不明显。这种情况的形成显然与部分文化产品是非物质形式密切相关，如视觉艺术类和影音媒介类文化产品。此外，大量的文化产业以提供文化服务为主要经营内容，借助于互联网等现代媒体技术，文化服务行业的发展超越了地域限制和空间距离阻隔。其三，从文化因素角度来看，中国与贸易国之间的文化距离或文化差异度与我国文化产品的出口规模成反比，文化差异度大，使得两国文化审美偏好难以达成一致，导致文化折扣效应增强，在对方国市场难以形成稳固持续的中国文化消费群体。不过，在文化的族群交往中还存在着某一文化族群对其他文化的强烈好奇心和求知欲的情况，往往文化之间的差异度越大，越能激发好奇心，从这一方面说，相异的文化群体蕴藏巨大的文化产品消费需求和市场，当然前提是具有某种程度的"异域色彩"的独特民族文化。

应当注意的是，当前国际贸易政策环境的不稳定性和易变性愈发凸显，我国文化产业国际化合作过程中的潜在风险也随之增加。从国际贸易环境异变和规则性阻隔角度来看，中国作为货物贸易第一大国，自然容易受到外部环境影响，随着竞争实力的提升，其他国家的"竞争焦虑"也随之增加，很多国家动用非贸易手段阻止中国产业市场化进入。中国社科院经济研究所所长黄群慧认为，当一国政府以各种理由通过加征关税、直接限制企业跨国经营行为、以国内法律干涉国际生产活动的时候，必然会迫使企业打破现有的全球供应链和产业链布局，进而扰乱全球经济秩序，破坏市场竞争体系，扭曲全球资源配置，最终导致全球经济效率受到很大损失。①有鉴于此，我国政府应当强化政策引导作用，出台对外投资明确清单，以提示企业谨慎参与，给文化产业领域国际合作规避风险、提升投资质量的空间和机会。

二、中华文化元素产业化的市场导向

文化产业的对外发展和文化产品的对外出口，作为"一带一路"倡议下中华文化元素对外传播的主要依托和实现路径，必须明确市场导向，在深耕既有海外文化消费市场的同时开拓新兴市场空间。对外文化投资是我国文化产业"走出去"的必由之路。文化产业作为服务业的一部分，其对外投资的直接动因与其他产业特别是制造业有较大差别，传统的国际投资理论无法直接用于分析文化产业对外投资，但分析框架依然可以借用。在对外文化投资中，国际生产折中理论有一定的解释力。欧美发达国家的文化产业比较成熟，市场体系比较规范，文化市场也比较大，更重要的是文化从业人员的素质和技术水平也比较高，总体投资环境要优于一般的发展中国家，因此我国对外文化投资的重心还是集中在欧美发达国家。欧美发达国家的投资优势同时也是一个投资劣势，即这些国家的文化产业过于成熟，文化市场趋于饱和，且部分国家对外来文化产业有一定的排斥性。这就为我国文化产业在"一带一路"沿线国家投资创造了机会。②

1. "一带一路"沿线国家市场与欧美市场的辩证关系

"一带一路"沿线国家是当前及今后一个时期我国文化产业对外发展的重点开拓区和培育区，但与此同时，欧美市场在我国文化产业的市场布局和结构中依然并将长期具有关键地位。我们必须正视的是，美国作为文

---

① 刘东凯，王优玲，刘红霞."美国吃亏论"别有用心 挑起经贸摩擦损人害己——专家学者评析中美经贸摩擦问题与出路[EB/OL].(2019-06-06)[2021-08-23].http://www.xinhuanet.com/politics/2019-06/06/c_1124588479.htm.

② 陈明敏，彭兴莲."一带一路"背景下我国对外文化投资:机遇、挑战及策略[J].对外经贸实务，2019(8):72-76.

化产业生产和消费大国，在文化产业的技术标准、行业标准和产品标准方面具有重大的话语权，居于文化产业链的高端部分，所以美国市场对于中国文化产业的意义并非局限于销售终端，而且对于改善和优化我国文化产业结构，提升文化产业的国际化水平，提高文化产品的高级知名度、认可度与接受度，都具有重要的推动作用。反过来看，这对于我国文化产业和文化产品在"一带一路"沿线国家的布局发展能够带来积极的正面效应。尤其是当前中国资本正从国内流动向国际国内双循环流动模式转变的情况下，中国资本与欧美跨国文化企业的合作正成为一种普遍现象，国内资本加国外技术的结合，联合开发第三市场，也是一种国际合作的普遍形式和可取途径。

关于我国文化产业国际化的全球布局问题，学者之间形成了不同甚至对立的观点和看法，在"一带一路"倡议提出的新形势下，对此问题有必要在考量国际局势新动态的情况下予以重新讨论。2008年金融危机给欧美主要发达国家带来的消极影响余波持续至今，自金融危机始，国内不少学者便呼吁亟须迅速调整我国经济的海外市场布局，使国际市场逐渐朝着多元化和多样性的方向发展，重点减轻欧美主要市场的占比，以避免"所有鸡蛋放在一个篮子里"可能出现的风险，向其他发展中国家和地区延伸和扩展市场，用新兴市场的份额部分地替代传统主流市场。持另一种对立观点的学者则认为，国际市场的多元化和多样性布局结构并不能预防可能出现的市场风险，关键在于新兴市场的规模和潜力无法替代欧美主流市场。欧美市场规模庞大，即使遭受冲击，依然具有巨大的消费潜力，而且其抗风险能力远强于新兴市场，遇挫后的恢复弹力同样强于新兴市场。新兴市场在遭受经济或金融危机的情况下，在经济运转正常情况下隐藏的结构性矛盾快速凸显，且短期内难以得到化解。上述两种观点，在某种程度上，均具有一定的可取性和合理性。虽然彼此对立冲突，但是两者共同关注到已经发生的问题或危机，其解决的措施和应对之道更多的是目光朝后，而没有关注到当下正在发生的变化和未来一段时间内可能出现的世界局势变化。

2.新常态语境下中华文化元素产业化目标市场再评估

随着"一带一路"国际合作的稳步推进,我国文化产业国际市场的布局需要予以重新认识和调整。上述提出将国际市场结构中的新兴市场作为转移方向,以防止市场单一化伴生的市场风险,这一思路大体是正确的,但同时不可忽视欧美市场的重要性。可以说,"一带一路"沿线国家是今后相当长一段时期内我国文化产业海外布局的重点方向。正如王义桅所提出的,"'一带一路'是新时期的长征,就是要引导企业往全球分工体系最有潜力的市场走,播撒中国合作共赢的理念"①。从全球国际产业竞争的角度来看,最具潜力的市场主要是指欧美国家经济布局的弱势地域,其中不少便是"一带一路"的关键节点和支点地区,如中亚、中东等,当然目前这些国家的市场规模较小,且市场成熟度低,存在的风险高。虽然中国对"一带一路"国家文化产品出口规模增长步伐放缓,但从"带一路"国家的市场地位来看,2007—2017年稳中有升。2007—2017年11年间我国出口至64个国家的文化产品规模整体呈扩大趋势,但是2014年开始有缩小趋势,2017年虽然有所回升,但增长率仅为4.88%,远不如前5年的发展迅猛。相距2014年的72.28亿元人民币,2017年的出口规模接近10亿元人民币的缺口,这说明我国对沿线国家文化产品出口可能遇到了瓶颈,尚存较大的市场潜力。但是,应该注意到自2013年"一带一路"倡议提出以来,我国对沿线国家的文化产品出口规模占我国文化产品出口总额的比重稳步上升,到2017年甚至超过20%,这说明倡议提出5年来在文化领域取得了较为丰硕的成果,"一带一路"沿线国家越来越成为中国出口文化产品的重要市场。②

现阶段我国文化产业国际合作的地理区位具有三方面特征:①从我国文化贸易的地理空间特征来看,我国与"一带一路"沿线国家文化贸易快

---

① 王义桅."一带一路":中国崛起的天下担当[M].北京:人民出版社,2018:86.

② 周萍.中国对"一带一路"沿线国家文化产品出口潜力研究[D].济南:山东大学,2019.

速增长属于净顺差状态，但结构性矛盾明显，主要表现是在"一带一路"沿线，我国文化贸易整体实际占比还较小，发展潜力较大，也与这些地区整体经济发展水平具有某种正相关关系。而就文化产品和服务的出口结构来看，尚需进一步优化，扩大文化服务出口比重。②从文化贸易空间地理依存度来看，"一带一路"沿线国家文化贸易依存度有明显的区域特征。根据国家信息中心的统计，2017年中国"一带一路"对外贸易依存度排名前十的贸易伙伴国家，分别是新加坡、越南、斯洛伐克、阿联酋、匈牙利、立陶宛、斯洛文尼亚、捷克、爱沙尼亚、马尔代夫。"一带一路"沿线国家的贸易空间依存度集中在东南亚、中东欧国家。③就文化产品出口国分布而言，"一带一路"沿线国家占比还比较小。针对我国文化出口实际，"一带一路"文化产业国际合作尤其是文化贸易的重点地区主要集中在亚洲，而且多集中在与中国"文化距离"较小的地区，比如东南亚国家。因此，如何深耕细作拓展文化合作，与这些地区进一步加强全方位文化合作，在扩大文化交流基础上，扩大多方面文化产品和文化服务贸易，是未来的关注重点。

3. 中华文化元素产业化目标市场的用户消费习惯培养

如果说"一带一路"沿线国家的文化消费市场规模较小、成熟度低，但是考虑到其潜力巨大以及战略意义重大的话，更要求我们早谋划、早布局、早落地。文化产品市场与一般的商品市场有所区别，尤其是对于经济文化水平相对落后的国家而言，更需要经过一个较长的市场培育期和增长点生长期。而且，文化市场的培育过程中先发优势的作用较为明显，有利于文化产品集体审美趣味和偏好的固定化、统一标准和规则的制定，长期以来，欧美西方国家正是在广大发展中国家大规模培育西方文化和美式文化，为西方和美式文化产品的销售提供了巨大的潜在市场。"一带一路"的"五通"建设之一便是设施联通，其中包括输电线路和通信网络的建设，旨在帮助提高沿线国家"国际通信互联互通水平，畅通信息丝绸之路",并进一步"消除'消息壁垒',缩小'数字鸿沟'"①。未来在信息技术支撑下,沿线国家文化产品和文化服务的消费需求必然激增,而且消费内容和消费形式都必然出现信息化升级趋势。考虑到沿线国家电力和通信设施网络建设过程中中国作为倡议国所发挥的关键性作用,必然为我国文化产业在沿线国家的发展带来巨大机遇和便利条件。

当前,我国与东南亚国家的文化贸易占据较大份额,而与西亚、中亚以及中东欧国家的文化贸易效率不足,仍存在着较大的文化贸易潜力,与"一带一路"沿线国家的文化产品出口市场过于集中,因此如何缓解中国与"一带一路"沿线国家文化贸易的区域不均衡现状,重新定位合作国目标市场成为优化我国对外文化贸易的一大热点问题。首先,可以充分调研各国文化市场的潜在需求,挖掘市场潜力较大的文化领域,以扩大两国间的双边文化贸易流量。如越南的游戏产业开发较为落后,大规模、高成本的游戏企业很少,因而游戏所具有的吸引力不足,我国可以瞄准越南的游戏产业市场,出口玩具类的游戏和各类年轻化独特风格的网络游戏;捷克等一些中东欧国家的文化遗产丰富,政府和民众对文化遗产保护和传承的关注度较高,中国可以与捷克等国在文化遗产保护领域展开合作与交流,例如进行文物研究和保护技术产权方面的交易、两国间传统文艺表演的市场开拓、通过投资并购等方式组建文化交流联盟等。其次,平衡各国间的文化贸易比例,与贸易潜力较大的国家积极开展双边文化交流与合作。通过前文对沿线各国贸易效率及贸易潜力的测算,可以看出总体上我国与"一带一路"沿线国家仍存在着较大的文化贸易潜力,除了与如印度、新加坡、捷克等少数国家的文化贸易属于潜力成熟型外,与大多中东欧、西亚、东亚、南亚国家的文化贸易仍属于潜力开拓型和潜力再造型,因此,我国应该借助与"一带一路"沿线国家在丝绸之路的历史进程中所形成的文化符号来开展国际文化贸易及合作交流。在"一带一路"沿线国家文化市场与中国文化市场更加密切的趋势下,根据贸易潜力国的不同市场需求

① 王义桅."一带一路":中国崛起的天下担当[M].北京:人民出版社,2018:107.

来自主研发文化产品，充分发挥文化消费需求的外溢效应，提高我国文化产品和服务在沿线贸易潜力国中的市场份额。最后，在注重我国对沿线国家市场占有率的基础上，重视文化贸易的价值引导力和国际社会影响力。我国的文化产品出口集中在以手工艺品、珠宝首饰等加工类文化产品上，更能体现审美属性和文化内涵的文化服务出口占比低，增长速度缓慢，这说明我国文化产业发展的创新性、国际感染力以及价值引导能力较弱，我国应在文化贸易整体战略中加强对文化服务贸易的支持力度，并通过文化传播来提升中国文化的国际社会影响力，推动文化传承与创新。

4.中华文化元素产业化目标市场构建的有效性分析

相关研究者从传播学的视角指出，"传者和受者必须拥有一个共通的意义空间"，才能实现传播的有效完成，"否则就会产生理解上的偏差与误解"[①]。因此，在此种意义上，不同民族之间，尤其是存在着显著文化差异的民族间，一个至关重要的基础性工作就是，努力在不同民族文化间构建具有共通性的意义空间。文化上共通意义空间的大小，在一定程度上能够决定两个不同民族间的经贸和人文往来的密切程度和摩擦阻力大小。当然，需要特别指出的是，共通的意义空间并不是等同于共同的意义空间，两者之间的差别并非简单的程度之分而是质的差异。共通的意义空间是以两种文化平等且各自独立为前提的，构建共通的意义空间并不是消灭两者之间的差异，而是以尊重差异的合理存在为前提。对于文化产业而言，这种共通意义空间的作用和影响则更为明显。中华文化元素通过产业化的方式对外传播，在市场定位和发掘上，市场规模的大小、市场的潜力、市场的可持续性等因素均与共通的意义空间紧密相关。不同民族之间文化共通性空间的存在，能够有效提高对他民族文化、文化产品的尊重程度、认可度和认同度，这是塑造文化消费市场和空间的隐性的、且更为深层次的原因。就当前，中国所面临的国外文化产品市场而言，欧美国家在世界经济和文化领域依然处于领先地位的情况下，中国民众在某些方面对西方文化

---

① 宋磊.中国对外文化贸易研究[M].昆明:云南人民出版社,2016:128.

的崇拜，无形中在缩小认知世界和价值观上两者之间的差异，可以将其称为单向度地构建共通的意义空间。但是西方欧美民族虽然也受中国文化热的影响，但是其主动去欣赏和认同中华文化者为数不多，这种情况在一定程度上影响了中华文化在西方传播与被接受和被认可，从间接上来看，影响了我国文化产业和文化产品开拓西方市场。

上述分析较为直接地呈现了中外尤其是中西文化之间，在构建共通的意义空间上，我国所处的尴尬地位和不足之处。这是长期以来客观存在的事实，自然无须否定或回避。为此，就如何通过构建共通的意义空间，以有效地深拓我国文化产品的国际市场，正是本研究所尝试探讨的问题之一。共通的意义空间虽然在现实作用上指向经济和贸易领域，但其本身归属于文化艺术的范畴。从文化艺术角度来看，诸如"音乐、绘画、舞蹈都是世界性语言，对这三种艺术，人们不需要语言中介也可以相互理解和沟通"[1]。这提示我们，从音乐、绘画、舞蹈等艺术形式出发，是在存在显著文化差异的民族之间构建共通的意义空间的有效途径和良好契合点。事实上，众所周知，音乐、绘画、舞蹈等艺术形式，正是文化产品的重要组成部分。因此，可以将音乐、绘画、舞蹈等文化视听产品的国际销售和共通的意义空间的建构，视为一个良性的互动循环，两者处于正向积极的双向互动之中。放宽视角，扩大来看，正是中华文化和中华文化元素，通过包括产业化在内的途径和方式，源源不断地、持续有效地向海外传播，才能不断拓宽中外文化之间共通的意义空间；而中外文化之间共通意义空间的不断增大，又为中华文化和中华文化元素的对外传播铺平了道路、拓宽了渠道。反之，不依靠文化的交流而试图建构共通的意义空间，或者不借助于共通的意义空间而希冀文化在其他民族被认可和认同，两者均属不切实际的空想。进一步来看，当前，"一带一路"由倡议逐渐落实到具体行动，正是塑造沿线国家和地区之间共通的意义空间的实践形式，"一带一路"所创造的稳定的外部环境，在一定程度上就是在优化文化产品的国际

---

[1] 宋磊.中国对外文化贸易研究[M].昆明:云南人民出版社,2016:132.

市场；而这些文化产品背后所附着的中华文化元素，同时也起着塑造共通的意义空间的作用，进而促进"一带一路"的顺利、平稳建设和持续、良性运行。故此，"一方面，要为中国制造注入更多中华文化元素和内涵，让中华优秀传统文化随着中国制造的发展壮大为国际文明交流互鉴做出更大贡献。另一方面，要理解并尊重不同文化价值观念的差异性所在，以中华文化产业发展促进跨文化沟通交流，并以此赢得更为广泛的全球文化市场，形成两者之间的良性互动"①。

第二节　销售网络和销售渠道探索

无论就理论研究而言，还是从企业运行的角度出发，销售环节历来是研究者重点关注的对象，可以说，产品的销售环节和产品的生产环节居于同等重要的地位。在本研究中，我们的主题在于探讨，中华文化元素如何借助于"一带一路"合作平台更为顺畅地对外传播，有鉴于此，接下来的探讨主要围绕销售网络、销售技巧以及销售人才三个方面深入展开。

一、"一带一路"文化产业贸易中销售网络的建构

我们在本研究中讨论的销售网络，有宏观层面和微观层面两种区别：从宏观层面来看，"一带一路"在某种程度上也可以视为一种宏观的销售网络。"一带一路"合作将国际性和区域性合作进一步加以整合，努力使沿线国家和地区形成利益共同体、责任共同体、命运共同体，其结果必然是沿线国家和地区之间市场紧密度、关联度进一步加深，同时减少和降低市场壁垒和贸易障碍所带来的负面效应，推动各种要素之间的流动更加便利化，因此可以将其视为销售网络的健全和优化。从微观层面来看，销售

---

① 梁昊光,张耀军.2019中国"一带一路"人文与外交发展报告[M].北京:世界知识出版社,2019:13.

网络主要是指某一行业、产业、产品、公司、企业等所建立的实体性的，由销售人员组成的、有组织的网络，具体如销售公司、贸易公司以及经销商系统和代理商系统等。下面对销售网络的内容主要从微观层面的实体网络构建和宏观层面的区域文化空间塑造分别展开讨论。

从微观层面的实体网络构建视角来看，我国文化企业在进入其他国家后，大多采取本地化的策略，销售环节中当然更需要推行本地化的策略。我国文化产品在进入其他国家国内市场的过程中，面临的一个主要问题是因文化差异而产生的"文化折扣"现象。而在文化产品的销售环节，弥合或者降低文化差异和"文化折扣"的一个可行举措就是采取销售网络的本地化。本地化的销售网络，可以视为两个文化之间的中介，是连接我国文化产品和他国文化市场的桥梁。本地化的销售网络，实际上还包括几种不同的形态。第一种，我国文化公司直接与当地的文化产业贸易公司合作，两者之间属于比较简单的生产和销售上下游关系，具体的销售方式和定价机制由他国贸易公司自行决定。在这种合作模式下，双方合作紧密程度较低，此类贸易公司的销售产品具有多样化的特征，一般经销来自本国之外的其他国家的文化产品，而且此类贸易公司规模较大，资本雄厚，拥有强大的销售网络，自主性较强。在这种情况下，双方的贸易由买方市场决定。第二种，我国文化企业直接在他国设立销售分公司和部门，直接负责本公司文化产品的推广和销售。在这种情况下，雇员同样采取本地化的方式，当然每个公司的本地化程度不一，程度最高者则是一线销售人员、管理人员乃至决策层均由本地人担任。不过大部分情况是此类销售公司的跨国属性决定了其员工的跨文化特征，具言之，大体由熟悉他国文化的中国人和熟悉中国文化的本地人组成。这种人员结构的组成方式，对于保障公司的有序和有效运作是至关重要的。当前，作为新兴产业形态的我国数字文化产业在走出去的过程中，不少企业选择海外投资或者并购等形式直接接入当地的销售网络之中，一方面"可避开东道国的贸易保护壁垒，减少不必要的贸易争端和冲突"；另一方面"可凭借海外具有良好受众基础与竞争力的数字内容平台和载体，拓展传播渠道，扩大境外优质文化资产规模，提高数字文化产业的国际竞争力"①。当然，不容回避和否认的是，在中外混合的组织结构之下，存在如下这一种悖论：一方面能够有效消弭文化隔阂，保持跨文化的沟通和互动，但是，同时另一方面，又容易引起文化冲突，引起跨文化的误会和误解。因此，无论是消弭隔阂还是引起冲突，这两者均在不同程度上增加了公司的运营成本。当然，这也是开展跨文化贸易必然要付出的成本。总之，无论是采取直接借用本地已有的较为成熟的贸易公司销售网络，还是利用本地人力资源以中外结合的方式组建跨文化的销售网络，都是可取的，关键在于，需要根据自身的行业实际和市场国的国情来选择和取舍。

从宏观层面的区域文化空间塑造来看，中国是民族文化资源丰富的国家，在"一带一路"区域空间内有数十个与许多国家文源相近、文脉相通、习俗相连的跨境民族，其人数高达几千万人，其中的文化习俗和文化需求的契合度很高，极有利于中国主流文化传播。因此，中国要凭此地缘和区位优势形成若干有辐射力的区域文化生产中心，如面向东盟的文化中心（南宁）、面向东南亚和南亚的文化中心（昆明）、面向中东阿拉伯世界的文化中心（借助宁夏的中阿经贸博览会）、面向中亚的区域文化中心（借助西安和新疆欧亚大陆桥），还有福建、四川和重庆等区位文化优势的产业开发，以及加强北京、上海、广州等特大城市与俄罗斯、日本等国的文化交流与文化产业合作，诸多区域文化中心的建构足以支撑中国在文化上对"一带一路"沿线国家的文化辐射，通过文化价值的共享和互补的柔性的平和的方式，实现民心相通，以巩固经济上的"互联互通"，最终避免中国"硬实力"走出去的尴尬。所谓区域文化中心是指对整个区域有吸引力、影响力和作用力的文化空间，它通常既是文化生产与传播中心，也是文化产品和服务的消费中心，并以文化价值的精神感召力形成文化辐射

---

① 梁昊光，张耀军.2019中国"一带一路"人文与外交发展报告[M].北京：世界知识出版社，2019：225.

中心。其中吸引力是指能吸引文化生产要素、市场要素的集聚；影响力是指以高端和流行的文化形态决定区域文化发展的形态和走向；辐射力是指影响所及的有效传播力。决定文化辐射力的因素包括生产力水平、文化的内容及其价值诉求，文化产品的特色及其与区域空间文化需求的契合度（文化折扣）、文化交流和传播方式与载体等。区域文化中心的建构需要一系列条件和功能支撑，包括文化交流、文化传播、文化产品生产、文化贸易、文化产品孵化、文化展览展示等，交流、传播、生产、贸易、孵化、展示的内容包括价值观念、生活方式以及物化形态的文化演艺、出版发行、广播影视、各类文艺产品的外译等。就现实性而言，区域文化空间并非现成的，而是需要不断建构的，它主要取决于一个国家文化软实力的发挥及其正确运用。因此，无论是文化交流还是文化贸易，都需要统筹考虑顶层设计及其可操作性的政策实施。虽然区域空间的文化发展是多元的，但其中一定有主导性文化。作为负责任的大国，中国文化一定要成为区域文化空间中的主导文化，或者主导文化中的一元。[①]

二、沿线国家文化产品销售技巧

销售技巧或者说营销技巧和策略，是指在"一带一路"建设中，如何通过产业化方式推动中华文化元素对外传播实现"文化走出去"到"文化走进去"，如何讲好中国故事、传播好中国声音、展示好中国形象，为建设社会主义文化强国、提升中华文化国际软实力、助力国家形象建构贡献应有力量，是值得关注和深入思考的问题。与一般出口商品不同，附着中华文化元素的文化产品在异国他乡的销售技巧的处理则面临着更为复杂的环境。就本研究语境而言，首先，需要考虑，"一带一路"建设这个平台和机遇处于何种地位，是如何发挥积极作用的？其次，附着中华文化元素的文化产品在进入其他国家市场的时候，有哪些特殊之处？是否对销售技巧有着特殊和个性化的要求？因此，我们接下来的研究，准备按照依次递进的顺序分别展开。

第一，如何妥善制定文化产业的销售技巧。文化产业和文化产品不同于其他商品的一个显著特征，就是它本身所蕴含的文化内涵，由于不同国家和民族之间，在"文化偏好及趣味的差异会在一定程度上影响文化产品在国际市场上的销售"。因此，可行的方式是"积极适应他国的文化环境、理解差异，对文化禁忌保持敏感"，与此同时"主动消除语言、美学趣味和价值观、文化认同等诸如此类的隔阂，这样可以在一定程度上降低文化折扣，为对外文化贸易的顺利进行扫除障碍"[①]。文化产品和其他商品的另一个显著性区别特征是，文化产品既有实体形式，又有虚拟表现形式，最主要的如采用数字化技术的视听文化产品，如影视、歌曲等。文化产品的这种非实体性特征，同样会对富含中华文化元素的文化产品在其他异文化国家市场的销售技巧上产生多重影响。进一步来看，非实体性特征赋予了文化产品销售技巧上的多样性、灵活性。类似影视、音乐之类的文化产品，借助于现代互联网技术和信息高速公路，采取电子化、数字化的方式，完全省去了产品实体运输的环节，同时也彻底取消了所谓的仓储、库存空间。它们作为数字化的文化产品，同时也具备文化服务的属性，而文化产品和文化服务恰好是文化产业的两大支柱。

第二，如何完善文化产业销售通道。文化产业销售相对于其他产业销售而言，具体销售过程中的销售通道通常被弱化。本书中，重点展开讨论的是文化产业销售的产品与流动、服务和信息传播这三个通道问题。一是文化产品与流动通道。文化产业销售的思路是，在从供应商、制造商、各级分销商、终端商到消费者的完整销售链中，文化产品力的大小、价格的适宜性和竞争性，本身就是使产品顺利转化为商品及货币的重要力量；对分销商的选择、对分销商及销售人员的激励与监管亦切实关系着销售链的转动、物流链的畅通，而对货品的运作、对物流配送力量的组建和利用，

---

① 宋磊.中国对外文化贸易研究［M］.昆明:云南人民出版社,2016:138.

本身亦充分承担着物流的职能。因此，产品与物流通道是否高效畅通，关键就看上述各要素间的协调性和整合力。二是服务通道。服务通道的具体内容主要包括：消费市场的培育及消费文化的普及，便于消费者认知、记忆、购买和口碑传播的举措，相关售前服务、售中服务、售后服务，把服务当作品牌来运作，服务品牌所提供的技术解决方案等服务产品规划，消费者服务、重点客户服务等。三是信息传播通道。各个构成渠道的环节都是信息传播的载体，其中包括了销售人员、营业推介人员、服务人员、投诉受理人员的说辞等软性宣传。因此，信息传播的首要目的便是树立自己有销售力的好口碑，应该在规划和设计传播的时候，着重提炼自己可能差异化乃至优于对手、消费者等利益关系人所需求的"买点"，并通过对这些"买点"的传播来拉动消费者等利益关系人宣扬自己、选择自己。

第三，"一带一路"建设正处于稳步推进和持续深入的过程中，如何抓住机遇，使中华文化元素的产业化之路更加通畅。正如王义桅所指出的，"一带一路"的一个重要方向目标是，"优化贸易和生产要素配置、促进区域经济一体化并实现区域经济和社会的同步发展"[①]。具体而言，"一带一路"从倡议到落地生根，使得中国与沿线国家和地区的关系迈入了一个新的时期，迈上了一个新的台阶，许多传统的观念和理念得到更新和补充，尤其是经贸和人文领域的往来合作模式发生了巨大的变化，总言之，中国文化产品在沿线国家的销售模式也面临着更新和创新的基础和条件。在政策沟通方面，通过加强友好对话和磋商，各国可以共商经济发展战略和对策，求同存异，消除政策壁垒和其他人为的合作屏障，协商制定推进区域合作的规划和措施，以政策、法律和国际协议为沿线经济融合保驾护航。在设施联通方面，以打造"由铁路、公路、航空、航海、油气管道、输电线路、通信网络组成的综合性立体互联互通的交通网络"为目的，这一互联互通的交通网络，既包含硬件方面的交通设施，也包括软件方面的通信网络。尤其是后者，对于沿线落后国家而言，传统的商业发展模式依

---

① 王义桅.中国联通世界：如何看"一带一路"[M].北京：外文出版社，2019：14.

旧盛行，以通信技术和互联网为主要依托的现代商业模式还未普及。这对于已经进入互联网电子商务时代的中国文化产业而言，两者之间的巨大差异，造成了商务交往上的沟通困难和障碍。在我国已经成熟的商业模式和销售技巧，反而无法适应经济落后国家和地区的商业形态。随着"一带一路"建设的展开，在基础设施建设方面具有优势的中国，在帮助沿线国家升级"海陆空天电网"的同时，实际上也为我国文化产业的发展提供了与国内相同或相似的软硬件环境。

第四，中国和部分"一带一路"沿线国家的文化产业已经进入了信息化、数字化阶段。在众多的文化产业形态中，"数字文化产业作为文化产业中最具有活力的部分，已经成为国家经济发展的重要引擎和文化产业国际竞争力评价的核心指标之一，承载着弘扬中国传统文化'走出去'的历史使命"[1]。可以说，数字化是我国文化产业发展高水平的重要指标之一，文化产业数字化程度的日渐提高，为我国文化产品在沿线国家的销售技巧和营销策略提供技术支撑。因此，我们这里分析的主要是就技术层面来改进销售技巧，也可以将其称为销售方式和措施。电商平台，在我国已经是比较成熟的事物，且正不断经历着更新换代。"一带一路"沿线发展水平较低的国家，受限于落后的通信设施和信息化水平，电商等新的互联网商业形式仍处于起步阶段，甚至部分国家还处于空白阶段。这种现状，从一方面来看，对于我们国家的文化产业的对外发展而言，两者之间处于一种类似脱轨的状态中，无法做到彼此有序衔接，商业模式的不匹配导致随之而来的是合作程度难以深入；但是，另一方面，我们可以发现，这种起步或者空白阶段，恰好为我国商业发展模式在海外的培植以及沿线落后国家的信息化建设提供了良好契机，尽管这一工程规模巨大、耗时较长，但是从长远眼光来看，潜力巨大、利大于弊。即使纯粹从技术层面来看，"数字化技术打破了物理空间的障碍，改变了人们的文化消费形态，文化的内

①梁昊光，张耀军.2019中国"一带一路"人文与外交发展报告[M].北京：世界知识出版社，2019：212.

容和形式在远远超出地域国界的市场上，在跨文化国界的道路上被创造、传播和认同，为跨区域的文化包容节省了大量的时间成本、沟通成本和信息成本"[①]。

三、新型销售人才的培育

文化在"一带一路"建设过程中起到了促进不同民族、宗教、语言交流的作用，而在交流过程中一个最不容忽视的群体即为人才。不同领域的人才在这样一个汇集不同语言、政体、文化、意识形态的国际性合作倡议中，起到了联通沟通、增进互信的桥梁作用，向外传递了我国传统文化，现代科学技术，向内积极吸收了他国优秀的文化基因。无论是销售网络的搭建，还是销售技巧和营销策略的运用，最终都需要落实到销售人才的执行。当然，我们这里讨论到的销售人才，还涉及作为组织的销售团队。文化产品的跨国贸易中，优秀销售人才作为跨文化的中介者和传递者，其重要性尤为突出。优秀的跨文化销售人才的成长离不开有计划和专业性的培育。但是，需要首先指出的是，在跨文化企业中，尽管"人才本地化有着很大的优越性，不仅可以减少国内外派人员的成本，还可以增加当地就业，提升当地民众对企业的认同度"[②]，然而，在实际的经营中，必然面临文化差异所引起的人际冲突。尽管如此，我们仍需明确的是，销售人才的本地化是较为可取的途径之一。实际上，在"一带一路"沿线国家中的跨文化企业内，销售团队中的中高层人员均具有一定的国际化水平，主要体现在对通用语如英语等语种的熟练运用上。遗憾的是，虽然他们供职于以经销中国文化产品为主的跨国公司内，但是汉语的熟练程度远低于英

[①] 王润珏，周亭.融合与创新："一带一路"软力量建设研究（2018）[M].北京：中国传媒大学出版社，2019：162.

[②] 哈嘉莹，尚晓燕.中国文化元素与企业国际化战略："一带一路"沿线的中国企业[M].北京：对外经济贸易大学出版社，2017：82.

语。一种语言的魅力和吸引力，除了常规的用兴趣和爱好来解释外，更为合理的解释是，一个国家的经济实力决定其语言的使用范围和使用强度。伴随着中国跨国性文化企业的做大做强，以及中国政府对于学习汉语的鼓励，这一情况在不久的将来会得到极大的改善。

相比于其他文化圈的销售人员来说，中国人在对民族文化的理解和掌握上则更占优势。因此，培养本国的文化产品销售人才也是重要的人才储备途径之一。当然，现实的情况则更为复杂，从事文化产品的销售人员对民族文化的理解和掌握有限，而专业从事民族文化研究者则又游离于文化产品的生产销售链条之外，更为重要的是，跨国经营中对于外语水平的要求则使得从业人员基本上处于不合格水平。总之，归根到底，本国销售人才的培育要兼顾外语水平、销售业务能力和对民族文化的知识储备、运用能力。为此，有学者指出，"要完全遵循文化产品和服务的生产运作规律，实现人才资源和人力资本的优化配置，实现人才管理的社会化和人才供求的市场化"，如此"才能真正将人才优势转变为经济优势"[①]。

在"一带一路"建设过程中，我国应有针对性地进行人才培养，并将有能力，富有创造力的人才会聚在一起，发挥出更强大的力量。"一带一路"倡议路线长、范围广，民族众多，涉及几十种语言，项目建设涉及几十种行业，并且在不同国家不同地区，建设重点、目标都不尽相同，对人才的要求也相应做出变化，因此，如何规划一条合理、高效、完整的销售人才培养、储备体系，将是一个十分艰巨的任务。对外文化投资是一个极为专业的领域，销售人才属于高端复合型人才，其人才匮乏是制约我国对"一带一路"沿线国家开展文化投资的主要瓶颈。对外文化投资涉及面广，且每种文化产业形态具有较强的专业性。当前我国文化产业领域缺乏专业的涉外人才，文化领域的人才培养还是较为注重单一的知识和能力，较少院校就文化投资开设专门的专业，由此导致了文化领域涉外复合型人才较

[①] 陈柏福.中国文化产业"走出去"研究：基于文化产品和服务的国际贸易视角[M].厦门：厦门大学出版社,2014:211.

为匮乏。此外，"一带一路"沿线各国，大部分是发展中国家，在投资东道国也难觅合适的专业人才，即便能够寻求到合适的人才，其高昂的人工成本也会加大企业的投资风险。基于此，在"一带一路"倡议下，我国要加大力度培养熟悉不同国家法律、文化传统等方面的专门性文化投资销售人才，使其既能够熟悉掌握相关国际规则，还能够知晓文化及相关产业知识，且具有投资技能以及沟通技巧，这是我国对外文化投资人力资源可持续的基础。①具体而言，中华文化元素产业化销售人才的培养应从以下几方面着手：第一，注重文化产业销售人才在国际范围内的开发培养和引进利用，分层次、分类别、分体系均衡培养，满足国际劳动力市场日益变幻的需求，实现国际化销售人才供需结构的平衡稳定性；制定灵活开放的人才激励机制，比如对有特殊才艺的稀缺文化销售人才以技术入股的方式获得劳动报酬，不断激发人才在文化领域工作的积极性，增强文化产业的人才吸引力。第二，规范国内外文化产业园区的运行和建设，在"一带一路"沿线国家打造海外文化基地和平台，集中打造人才高地，进而聚集国内外文化产业领军人物和高层次文化产业人才团队，使销售人才有用武之地，有效实现产业国际化发展的智慧支撑和创意源泉。第三，培养国际化高端文化销售人才，对现有文化产业人才进行国际化培训。文化企事业单位可定期派人才到"一带一路"沿线国家进行业务交流、出国考察、赴外研修，在互动交流中提高人才的综合能力和国际化水平。②

随着"一带一路"建设步伐的不断深化，我国同沿线国家的建设合作程度也在不断加深，完善销售人才调用机制将是下一阶段销售人才管理中的重点。建立好完善的销售人才引进、销售人才培养、销售人才保留机制，用现代化人才管理机制，消除人才培养过程中的不良作风；以聘任、委任等方式积极引进优秀的销售人才，让更多的精英力量加入建设队伍中

---

① 陈明敏，彭兴莲."一带一路"背景下我国对外文化投资：机遇、挑战及策略[J].对外经贸实务，2019（8）：72-76.

② 童莹.中国文化产业国际化的场域冲突和重构[J].改革与战略，2018，34（10）：82-88.

来；推行聘用制、公开制等方式，以更加公开透明的方式吸引销售人才、培养销售人才、留住销售人才。这样才能建设好更加完善的销售人才培养、管理机制，以确保优质的文化人才积极为文化软实力的提升做出贡献。在完成销售人才培养、销售人才管理体系建设后，真正高质量的销售文化人才才是"一带一路"建设以及提升文化软实力的有利保证。英国注重实践能力培养和学生个性的人才培养模式为我国高校的人才培养提供了新思路、新方向。因此应加强人才培养的建设力度，创新高质量人才培养模式，以实践型人才为培育方向。

第一，销售人才培育过程中应积极挖掘高校的人才培养和人才引领作用。高等院校应积极引入先进的教育理念，创新人才培养模式，积极开展国内外教育交流合作活动，明确"一带一路"人才建设需求，合理配置专业设置，将人才培养和倡议建设紧密联系起来。并加强人才培养模式转变，注重实践型人才的培养，抛弃过去重理论、轻实践的人才培养模式，平衡理论与实践的教学内容，让人才更加平滑地进入到实践阶段，发挥其在建设过程中的作用。大力推动国内外高校人才科研交流合作，积极开展更高层次的文化人才培养，扩大精英人才比例，推动高层次领域的人才规模。同时，政府在财政拨款中也应加大文化产业和教育行业的资助，加大人才的经济补助力度，消除精英人才在物质生活上的后顾之忧。第二，积极引进高素质文化人才。相较于人才的培养，人才引进能够更加快速实现销售人才队伍中高素质人才占比，大力提升销售人才整体素质。尤其是在高精尖科技行业以及金融行业等我国人才较为匮乏的领域，通过引进人才的方式能大大降低我国在这些人才上的培育成本，并快速提升该行业的整体人才水平，大力加快行业建设步伐。第三，提高高素质销售人才的待遇水平，完善经济激励政策。很多人才之所以不愿意投身我国文化产业建设，很大一部分原因是我国文化产业普遍待遇偏低，更无法激励人才的创新力量。因此，我国应加大对文化产业的经济扶持力度，以及人才职称评定系统，并通过实在的物质激励来调动人才的积极性，尤其在一些股份制企业里，可以实行高素质销售人才持有股权，让这部分人才大大提高参与感、责任感，为人才能力的发挥，提供一个良好的外部环境。只有这样，才能吸引更多高素质、高水平的高端销售人才加入我国文化产业建设中来。①

① 姚锐."一带一路"视域下提升中国文化软实力的路径研究[D].武汉:武汉理工大学,2019.

第五章 政策导向和国际规则制定和适应

随着中国深度全球化，我国文化产业走出去的规模日渐扩大，尤其是"一带一路"倡议的提出，为文化产业的海外发展提供了广阔的空间和舞台。尽管与过去一段时期相比，我国文化产业的国际化程度和国际影响力有了显著提高，但是与世界一些文化产业强国相比，依然存在一定的距离，在某些行业和领域，我们依然处于追赶期。导致这一现象的原因是多方面的，除了我们文化产业起步较晚等先天因素之外，当前较为突出的短板之一是文化产业政策相对滞后以及国际规则制定权较弱。这也是当前，我国文化产业深度全球化正在努力解决的问题。

第一节 中国对外文化贸易政策导向

一、文化贸易政策基本理论

文化政策常被视为一个不稳定与模糊的概念。一般认为，文化政策是在探讨文化为谁，为什么以及有什么被构建出，在此过程中文化如何被支持与控制。在联合国教科文报告中，文化政策被定义为，以某种行动方案，有效运用社会资源，达成某种文化需求，完成有益的、有计划的目标，或是经界定的某些标准，可促进完整人格的实现与正常社会的发展。上述各种对文化政策的定义，显示文化政策的模糊与难以解释，这是因为，"文化"本身就作为一个高度复杂的概念，而政策又象征着国家的介入，存在着国家意志这样一个宏大的概念，使得文化政策的不稳定性更高。但即便其模糊性和不稳定程度高，仍可以在对其所涉及的外部特征的归纳和分析的基础上来大致把握其概念，以此作为思维的初步锚点。首先，文化政策是文化艺术、广播影视等涉及人内心精神表达的文化元素；其次，文化政策是以意识形态管理为基本工具，该工具的施力点主要在于对社会的基本认知和理解进行一定的引导和校准；最后，文化政策具有明显的自上而下的属性，且在自上而下谱系中包含着各种有层次性且成体系性的规则、原则或一般性指引性要求等。由此，目前可得如下的不完全定义：文化政策是国家在文化艺术、广播影视、文化博物、图书出版等领域实行意识形态管理所采取的一整套有层次、成体系的规则、原则以及一般性指引性要求的总称。①

根据上文对定义的初步分析，可知文化政策中是包含有国家意识形态这一概念元素的，即有一种"公的力量"在其中，但是这一因素显然是有程度上的区分，并非全然地起支配作用，而之所以如此往往是因为另一重要元素的存在，即市场。一方面是因为在传统的观念和分析话语中，社会上某一事件或现象的两大基本作用力便是政府和市场，即"看得见的手"和"看不见的手"相互配合，而这也符合经验事实；另一方面，在市场所代表的平等主体所构成的场域中，文化本身即具有一定的自生自发的属性，这种力量同样会成为政策构成和施行需要考虑的关键因素。以上两极元素及其构成的合力在对实际中的文化政策的理解和分析中必不可少。照此逻辑，根据元素的权重可大致将我国目前所试行的文化政策区分为以下几类：政府主导型、偏政府主导型、偏市场主导型（表5-1）。②

---

① 胡惠林.文化政策学[M].北京:清华大学出版社,2015:3-4.

② 在现有文化政策中,尚无典型的市场主导型。

表5-1　我国目前所试行的文化政策

政府主导型	偏政府主导型	偏市场主导型
文化部"一带一路"文化发展行动计划（2016—2020年）	关于加强文化领域行业组织建设的指导意见	关于推动传统出版和新兴出版融合发展的指导意见
文化部"十三五"时期艺术创作规划	《国家文化出口重点企业目录》	国家新闻出版广电总局关于大力推进我国音乐产业发展的若干意见
文化部"十三五"时期文化产业发展规划	《国家文化出口重点项目目录》	关于推动文化文物单位文化创意产品开发若干意见
文化部"十三五"时期公共数字文化建设规划	—	—

我国现有文化贸易政策尚存在如下不足：

首先，对市场机制的重视和指引不足。上文提及，在文化领域力量构成中，市场是其中非常重要的一极，而且理论和经验告诉我们，市场在资源配置中起到决定性的作用，在文化市场中亦应如此。但是通过对上述的现有文化政策的类型分析，可大致看出，我国在文化领域中的市场机制发育并不是很健全，文化市场的自生自发性尚没有被有效激发，可能是因为政府通过政策性手段对文化领域介入过多。当然，对于一些特殊领域因涉及一些敏感问题或为实现有效且良性的竞争，是应该做一些限制性的规制和引导的，但从现实情景观察来看，这种限制性措施在客观上束缚了企业充分展开其竞争手段。而且，文化政策所包含的有效激励机制尚未形成。若聚焦到法律规范层面，我国目前对于知识产权保护制度虽从体系上具有极高的完备性，与国际有较为充分的接轨。但是在具体执法层面，相应的知识产权规范则很难落地，且对知识产权方面的事后救济也存在诸多不足，此二者直接导致中外资企业在专利技术沟通等方面存在诸多顾虑，这自然也掣肘了文化的进一步沟通。此外，即便是有针对性的文化政策，其在社会中的实效却一直不佳，具体表现是，国家在鼓励文化产业出口的过程中会采取出口退税等政策措施，但是许多企业基于经济性的手段可能无法及时全面地了解这方面的信息，主要是因为现有政策信息的公开化程度或针对性投放的措施存在相应不足；或者有些企业是出于成本考虑，因为有些申报成本高、耗时长，且结果不具有确定性，这极大地打击了企业去积极主动地申请相应的扶持政策优惠。[①]由此可见，文化政策与市场现实需求之间存在一定的隔阂，前者的制定和落实上未能有效地反映并解决后者所隐含的痛点和刚需。

其次，对市场开放度的保障不足。在进一步深化改革开放这一大趋势背景下，开放性的政策措施越来越密集，相应地，文化市场的开放度也逐步提升，更多的中国文化符号和元素出现在世界人民的眼前，并以此为契机开始逐步构筑起相对应的文化产业，以进一步扩展对外开放的渠道。但是，仍需要看到的是，在目前的文化政策所指引下的文化市场开放度相较于整体市场，尤其是在与经济市场相比时仍属于较低维度的，文化政策的施力点多是由政府直接牵头进行的，并且设置了较多的事前对外审核程序，从主体资格到具体项目，可对外的平台和渠道都是较为有限的。此外，现有的文化政策一般是针对宏大的、传统的文化要素，比如孔子、功夫等。对于新时代语境下新生代逐步构筑起来的精神文化及其元素的关注和推动不足，一般也并不会将其作为对外的一个重要着力点。这导致在对外文化输出的过程中容易陷入乏善可陈的匮乏状态，并因为传统而有疏远感的文化元素及宏大叙事式的讲述方式，很难有效地吸引作为文化输出对象的受众，并与其真实感受相融合。同时需要注意到一点，目前文化政策对于文化市场的对外开放和沟通的监管仍然是比较强势和缺乏弹性的。首先，并没形成有效的监管规则体系，相应主体所实施的监管总体上来说具有随意性，权责不够清晰，透明度低；其次，一些区域和层级的文化政策的出台可能既未遵守法定程序，也没有公布其流程，更缺法律依据；最后，评估机制和纠错机制尚没有有效地建立或落实。进行文化输出和沟通

---

① 冯毅,石瀚文.我国文化服务贸易发展现状、问题与对策[J].国际贸易,2017(6):67.

的主体在对外开放的过程中容易遭遇政策层面的不当否定性评价，相关主体在事后自我救济的过程中也容易遭遇重重阻力，很难实现自身合法权益的维护。

最后，文化贸易政策与国际经贸规制间存有差距。若将眼光聚焦于我国文化贸易的外部环境，可以发现，目前的文化贸易政策与国际经贸规制间存在一定的差距。在世界贸易组织框架下的多边贸易谈判中，以英美为首的发达国家的核心意图在于实现文化和知识产权领域的高标准服务贸易规制的制定和普及，以进一步统一全球贸易市场。而且，数字化成为这个时代基本标签之一，文化或文化元素搭配上数字化载体和手段所能表现的形态日趋多样化，并且越来越突破边界，而在这种突破中可能会带来一些新的问题，这些问题可能是进一步发展的契机，也可能是已经触及权益保障的问题。前者比如说如何建立数字贸易统计规则、如何实现数据化有效覆盖以及本土化的再造，还包括如何利用数字化手段来实现文化的跨境自由，并且尝试着将数字贸易和其他的贸易元素的联动和结合起来等。这些是需要进一步回答的问题。后者比如说涉及个人隐私的界定和规范保护，数字化可能带来的法律规避问题以及数字化措施违法的监管和处罚问题等。在国外的文化贸易规制进程中，已然开始探讨上述的问题并且已经形成较为体系化的规则内容，这对于进一步实现文化及其元素的价值增值提供了较为坚实的制度基础。①而反观国内，这些问题似乎没有得到充分的解决，起码尚未成为一项政策层面的核心议题。而且，我国目前没有形成基于自身文化特色的国际性话语表达的构造，文化政策的施行具有亦步亦趋性和明显的模仿效应，在文化贸易政策的制定方面的自主性和超越性都远远不足，文化贸易政策的发育度的整体水平也落后于发达国家。

①高涤陈.东西方商业文化差异与贸易[J].财贸经济,1999(8):50.

二、"一带一路"背景下文化政策的基本导引

1.准绳：社会主义核心价值观

社会主义核心价值观在中国社会价值元素所构筑的价值观集合或群落中位于主流和决定性位置，对于社会上的其他价值观或倾向具有指引和规训的作用，且后者多以前者为基本参照系而得到正当性和权威性或具体性展开。社会主义核心价值观具有鲜明的时代特征，其与这个时代所蕴含的人文精神、价值认同和利益认同等具有极强的正相关关系，即社会主义核心价值观背后是社会上现实生活的大多数人的自我价值表达所构成的"众生相"。[①]由此，我们可以发现社会主义核心价值观具备以下几大核心特质，由这些核心特质所提供的视角我们也能较为真切地体察到这个概念所传达的深刻内涵。

一是主导性和理想性辩证结合。社会主义核心价值观在全党全国人民等多维主体的价值判断的基础上凝聚共识，也即，其在社会复杂场域中所表现出的价值多元性、利益多元性以及丰富个体自我判断中确立了价值选择和观念表达的基本水准，提供核心性的引导和校准。虽然社会主义核心价值观因其定位而具有"合众为一"的内在特质，但其仍尊重差异性和丰富性，其不仅以社会作为事实和价值应用的唯一维度，更准确地说，其将社会发展这一共同理想和社会中个人切身的多样发展理想和需求相结合，最终实现价值主导性和理想性的辩证统一。二是历史性和开放性的深度结合。当关注到社会主义核心价值观生成的内在逻辑和现实中的生长路径时，会明白社会主义核心价值观是从中华民族传统文化中汲取的独特而优秀的精神理念和思想表达，也即其具有强烈的历史面向，与传统保持了一脉相承的关系。同时也自然能体察到的一点是，其核心价值指引和具体表

[①] 王娜,金昕.社会主义核心价值观实践养成的内在逻辑与关键点位[J].思想理论教育,2021(4):62-64.

达是根植于这个时代现实生存个体的生命体验中的，正因为如此才具有如此坚实的群众基础和直接有效的感召力。总的说来，在社会主义核心价值观的构筑中，既能做到上承历史获得传统智慧，也能与这个时代最活跃的文明脉搏保持共振，以保持着积极的开放性并获得当下的生命力。三是稳定性与开放性的有机结合。社会主义核心价值观作为整个社会的价值基准，获得了广泛的理解和认同，在一定历史时期也因其所具有的内在合理性和价值信念的人为惯性或依赖性而具有相当程度的稳定性，也即，其在短的观察时间段内，并不会发生大的变化。但同时，因价值的主观性、社会变迁速率加快，社会主义核心价值观的稳定性只是相对的，其更多需要根据现实场域的变化和身处其中的人的价值选择的变化而相应地作出调整，方能始终为这个时代语境下的个体行动提供充足和有效的行动理由与价值基准。

社会主义核心价值观对文化政策的指引主要体现在以下几个方面：

文化政策应着重培养文化价值观。通过上文对社会主义核心价值观的简介和分析，可以发现，价值观指引在个体实践行动的规范上具有举足轻重的作用，其可以让个体在一开始的选择上即端正行为动机并做出正确的行动。文化政策当然是属于价值观或意识形态方面的政策，其构成和实践的过程中自然是需要对价值因素的强调。因此，文化政策应着重对文化价值观的培养，使文化政策的生成和推定都能符合社会主义核心价值观运作的基本逻辑。一方面，应着重对政策制定者的文化价值观培养，透过价值观的培养，可让其充分理解社会真实的文化现实并积极做出政策回应，如此的文化政策更具有现实性和正确性。另一方面，应着重对文化政策受众的文化价值观的培养。即便是有良好的文化政策，但其在实践中落地自然需要有民众的接受和践行。获得充分文化价值观指引的民众能够在情感上更加积极地接受相应的政策，并主动将其作为行动理由。

文化政策应兼顾多层次的文化需要。在上文提及的社会主义核心价值观中提到了它集合多重文化理想的因素，同样文化政策要在其制定和施行的过程中获得充分有效的回应和认同，自然需要去体察不同层次的文化需求，通过一定的渠道或机制可将不同层次的文化需求有序地反映出来，其中，实际操作或制度设计的关键点是让不同的需求主体能够充分地参与进来，以获得足够的表达机会。在此过程中，也需保持一定的注意力，因为多样的文化尊重不意味着毫不在意统一性和主导性，若以要照顾到每一个人为唯一准则，带来的问题自然是极端的低效，甚至本身就是反多层次性的，最终导致整个文化政策体系的崩溃。所以，社会主义核心价值观中的主导性和理想性的基本指示仍应坚持。

文化政策应平衡稳定和发展的节奏。作为社会主义核心价值观的一种主动向的具体表达，文化政策往往是在结合当前社会发展的节奏而制定和施行的。因此，文化政策本身也需要去平衡稳定和发展这一对基本矛盾。在此，社会主义核心价值观的稳定性和开放性可作为基本的参照或指示。具体而言，包括以下两点：一是要保持文化政策的连贯性。为维持这种连贯性需要坚持实质思考和程序机制，即要准确地把握文化政策的基本内核，不能仅仅是在形式上遵行。此外，对于一种文化政策的立改废，需要有相应的程序机制。二是要避免文化政策的僵化，需要以社会或市场为"试验场"，观察由此反馈而成的"基本数据"，并在此基础上整理分析出社会真实的文化需求，以确定是否需要适时地调整文化政策。

2.关键：文化自信

文化自信从概念分析上来看是一种自我肯定，而这种自我肯定的内容或对象一般表现为本民族文化生命力及其未来发展前景，即对当下现状和未来前景的肯定。同时，这种文化自信亦是由过去积累的传统文化中优秀成果所激发和保障的。总的来说，文化自信是一种连贯过去、现在和将来的一种精神表达，在这一过程中其集成了异常丰富的内涵。[1]其主要体现为以下三个方面，分别是对中华优秀传统文化的自信、对革命文化的自信

---

[1] 戴锐，徐菲.文化自信的构成与中国特色社会主义文化自信的社会生成[J].河海大学学报(哲学社会科学版),2021(2):3-5.

以及对社会主义先进文化的自信。首先是对中华优秀传统文化的自信。中华历史源远流长，在这一漫长的历史进程中不断地淘炼出文化精华，形成了独具特色和魅力的哲思、艺术理论和道德观念。其中，在中国古代的哲学思考中，始终将人作为重要的思考元素，强调个体的发展，并将人作为文化发展的主体，作为文化发展的能动性要素。在传统文化中亦强调包容性和中和之法，大致可理解为无论是做人还是做事，都应当避免走极端并在均衡的基础上避免使得各主体的利益受损。其次是对革命文化的自信，这种自信的内在逻辑其实在于对党的绝对信任和对美好生活的向往。并且，在艰难困苦但始终坚持并最终取得胜利的中国革命中有着丰富的具体的革命实践，当时都成为汇聚着人民为实现自由和发展付出的无尽心血，之后成为我们饱含敬意回望的对象，并从中能够获得文化自信的底气，它支持着我们，让我们在新的实践中仍能有一番新的作为。最后是对社会主义先进文化的自信。社会主义先进文化是以马克思主义等相关科学理论为指引，以具体社会发展实践为事实依托，其核心在于培育独立人格、高尚思想的人。在社会主义先进文化中，我们所能获得的不仅仅是宏观的文化政策方向指引，还能在不断涌现的、包含着社会正能量的文化产品中获得文化储备和审美水平的提升。由此，我们能够获得独立思考和自我关照的基本能力，进一步促进在文化方面的自我肯定。并且，整个社会能进入一种良性循环，文化自信使我们能创造出更优秀的文化，并从更优秀的文化中获得更进一步的自我发现和提升。

中国文化自信的核心特征主要包括以下三点：一是主体性，二是包容性，三是创新性。首先是主体性。所谓文化主体性是指人在对处于客体位置的文化所进行的主观上的表达和建构。这种表达和建构实际是用一种主观能动性来改造客观生活，并以在这种改造中所获得的理论知识和实践经验进一步促成了个体主体性的形成。其次是包容性。中华文化有着深厚的历史根基和思想积淀，其在不断融合发展的过程中形成了独特的文化包容性。以"一带一路"为现实参照或观察样本，我们会发现我国在积极推进

"一带一路"平台下的沿线国家的文化沟通，在彼此尊重和理解的基础上努力促成文化领域更深层次的合作，充分地展现了文化自信中极具包容性的特征。最后是创新性。中华文化虽具有坚实的根底，但在对外沟通和交流的过程中，仍需要创新以求与时俱进，这不是要完全否弃传统文化元素，而是以新的时代精神体系和符号对传统文化及其元素进行再定位和再诠释，以发挥和激发中华文化当下的生命力，并能与每一个人的生命体验相接。

文化自信在文化政策中的功能发散上的作用主要体现在以下方面：

"天下大同"的整体观。大同思想主要表现为两个层次，一个层次是集体利益优先于个人利益，一个层次是个人利益服从于集体利益。所谓集体利益优先于个人利益主要是受到儒家重公抑私这一传统文化的影响，并以此作为处理集体和个人之间关系的准绳。所谓个人利益服从于集体利益，这一判断主要是置于利益冲突情景中。在前述的重公抑私的思想下，当个人利益和集体利益发生冲突的时候，个人利益应让步于集体利益，做出必要的牺牲，并在此过程中彰显个人价值。但需要注意的是，个人所做的这种牺牲不能被无限度地要求，因为个人是组成集体的元素，若以集体之名而毫不关心个人权益，那么集体本身就是空虚而形式化的。在这两层思想的指引下，文化政策的制定和推行应考虑到集体和所涉个体之间的文化上可能发生的冲突和对立，原则上应以集体利益为政策构成的核心导向，同时也要关注到一些主体所主张的特殊文化需求，并为其提供相应的渠道或空间。

"以和为贵"的和谐观。"和"的思想在任何时代都被置于社会价值序列的重要位置，因其贴合人民和社会最真实和最基本的需要。这种基本需要逐渐被精神化形成了中国传统的文化内核。比如，儒家推崇"中庸"以实现和谐。在现实生活中，待人接物讲究中正祥和，在处理矛盾时不可走极端，可按一定的度来协商调和，以求获得维护双方最大利益的最佳办法。此外，"和"不意味着形式化的、绝对意义上的同一，和而不同才是我们追求的目标，两者之间存在一定的张力，应在和的基本情景下强调不同所带来的丰富性，做到有机结合和辩证统一。需要注意的是，切不可因不同而拒绝与他者沟通，恰恰相反，需要在保持自身独立性的基础上，通过不断的沟通交流来获得对世界多样性的深刻认识。而这些落到文化政策中亦有重要的价值，文化政策本身即会关联到诸多主体，这些主体有不同文化和境遇的差别，需要在"和而不同"的基本理念下寻求整体利益的最大公约数，才能使社会文化获得勃发的生命力。

以创新发展为前进动力。党的十八大以来，创新即被列入"五大发展理念"之一，旨在树立崇尚创新的发展观和培育创新型人才，其于国家于社会的创新文化的培养都具有极其深远的影响。这里所谓的创新可做两个层次来逐一探讨，应以理念创新为前提，并以创新驱动为基本行动准则。前者主要是指要有创新的观念，完成思想的祛魅，勇于创新，同时还要在实践中充分地做检验，以达到理论联系实际的基本要求。后者主要是指在实践中要做形式上的突破和革新，处理好政府、市场和企业三者之间的关系。在此时代背景下，文化政策本身亦需要创新文化导向或者说需要去激励和促进创新。比如，政府应当尽量简化或减少所制定文化政策中的刚性要求，可选择框架性或不做强制性的指引，以给市场中的相应文化创作者和传播者更充分的自由。同时，可以适当对文化创新项目予以适当的政策支持，提供相应的基础设施或政策优惠。此外，还可以以政策来引导和推动企业内部的组织结构方式等进行革新。

三、"一带一路"背景下文化政策的具体施力点

1.促进对外文化交流话语体系的构建

构建具有中国特色的哲学社会科学话语体系。话语的产生和话语体系的建构本身需要极其深厚的根底，其中，重要的是人文与社会科学方面的研究，这些研究能够从观念和表达上给我们提供关照自己的视角，以此将

我们的生命体验中的核心要素提取并表达出来，构成我们自己的文化符号。长久以来，西方拥有权威性和具主导性的人文研究概念和范式，在国际文化沟通中有着极强的话语权，并以此对其他国家进行文化输入及对被输入国进行文化规训。其中，有"民主和平""文明冲突"等诸多概念以及由此关联起来的文化体系。[①]由此，若想立足自身去发展属于自己的地方性文化，首先要尝试跳出这一西方化的话语体系或者尝试对其进行本土化的转译。在此，文化政策可以施力的点包括以下几点：一是加强马克思主义学科建设。马克思主义为中国特色的哲学社会科学提供重要的理论支撑。二是着力打造一些具有中国特色的文化学科，比如传统文化当代诠释等，使历史在新的时代语境下获得新的发掘和继承，透过此也能为进一步的文化生成和交流提供丰富的素材和符号。三是在立足本国的基础上尝试集合西方的理论范式，形成具有中国特色的知识观。而"一带一路"本身即可为我们提供充分学习西方文化的机会。

加强对外传播的人才队伍建设。人才是一项非常重要的人力资源，是构成一个项目推进的最大能动性的要素。在新时期中国文化对外传播和交流的过程中，却常常浮现人才问题。具体表现为以下几点：一是人才不足。在如今偏功利和个人优位思想的影响下，对外做文化传播工作的人才往往主动走向其他岗位或者被动分配到其他行业，如此导致对外传播行业的人才频频流失，供给不足。二是对传播人才的重视不足，尚未形成稳定有效的培养和选拔机制，更多是偏重其他方面的人才训练和培养。为解决此项问题，在文化政策的引导上，可推动对外文化传播的专门的学科建设，提供充分而具体的学习指引，着力培育能有效对外进行文化输出的人才，并可设置一定的激励机制来促使更多的人能进入这一行业。此外要注重对外传播人才的思想的规范性引导，这样最终才能培育出一支属于中国人民的文化传播的队伍。

---

① 王柯鳗.新时代中国对外文化交流话语体系构建研究[D].广州：华南理工大学,2020.

2.推动由"文化折扣"转向"文化增值"的策略选择

重点出口文化折扣度较低的文化服务类型。在文化向外输出的进程中，我国目前仍处于起步阶段。在此阶段，为了形成竞争优势，以更充分地进入国际市场，往往是给了较多的文化折扣。目前的一些文化政策就是在引导之外还予以积极的支持以让对外文化传播主体能给出文化折扣。此种行为的正当性不仅存疑，而且这种消耗自身的方式难以长久。①现有文化政策也因此要对应做出转型，首先在基本指引上推动文化对外传播时应偏重文化折扣较低的。其次是加强对中国文化及其元素、符号的对外传播的政策支持，使其能在外对文化贸易的过程中起带头作用。比如在游戏领域，可依靠华为和联想等企业的技术平台和用户流量，借助预装或应用商店等功能来实现功夫游戏等产品推广的效果。从而实现从游戏的"接受者"转为"输出者"的转变。

借用国外观众熟悉的文化样式。不同国家和地区，因其历史渊源、地理人文条件的不同，大多都会生成具有地方性特色的文化内核和表达方式。当外部文化进入时，往往会造成一定的文化冲击。因此，若要将中华文化有效地或者较小阻力地传播出去，则需将中华文化和目标市场的文化消费形式和内容相结合，在坚持文化内核的基础上借助国外受众能够理解和接受的形式去重新诠释和表达。需要注意的是，在此过程中不能一味地迎合国外受众的口味，因为是在传达中国文化，而不是制造另一种所在国家的文化。也不能仅仅是向西方传递一种"东方化"的景象，而无具体的和深刻性的文化元素的传递，因为如此泛泛的表达很容易流于形式而失去精要，并且也容易因此导致外国受众对于中国文化产生误解和偏见。

本土化与国际化相结合。在文化传播的过程中，不可避免会遇到的问题是本土化和国际化相平衡的问题。想要走出去，就自然需要走向国际化。但其实也应该注意到，当国外的文化消费者对本国文化尚处于一种普遍陌生的认知状态时，更具有吸引力的方式并不是做出国际化的样子，以

---

① 胥琳佳,刘建华.跨文化传播中的价值流变:文化折扣与文化增值[J].中国出版,2014(4):8.

获得因同一而带来的肯定，而是需要充分发掘出自己所持的文化的内核和独特之处，才能给国际文化市场带来一些新的观点和表达。所以，目前阶段，在政策的引导上，在向世界各国推广文化内容时，出发点应当是围绕本土化展开，然后再因时因地增加一些国际化元素，以此来达成一种兼具本土和国际的双重特征。此外，这种结合仍需注意不应违背国际发展节奏，要和市场趋势保持一致，只有明确消费者的核心需求，文化产品的对外输出才能获得经济上的动力，在政策制定时不应仅仅在意识形态层面考虑问题，需要落实到经济实践中去考察文化市场的基本供需关系，如此才能在国际文化市场上越来越有竞争力。

3.强化"一带一路"背景下的知识产权保护合作

推动可持续发展目标下的国际知识产权强保护机制的确立。知识产权投资保护在国际贸易和国际社会中具有重要意义。而与此相关的文化输出也需要知识产权机制来保护相应的投资者，避免陷入知识产权投资陷阱。目前市场上不断出现新的知识产品，与之相对应的知识产权规范却付之阙如，存在规范供给不足的问题。这在客观上需要加强对于知识产权的强化保护。此外，知识产权的强化保护也是符合经济学的客观理性的。经济学上的观念认为，对于产权的充分保护能够促使主体更加有效地利用资源，规范所配置的行为模型能够实现资源配置的最大化，以较小的成本来促进人与人之间的合作。如果规范所能提供的保护不足，将容易挫伤创新者的激情和动力，进而陷入无人愿意主动去创新的尴尬境地，那么整个社会的知识产品的供给将只能维持在一个极低的水平。而关于这种知识产权强保护观念下所构建的知识产权制度的研判应站在人类社会发展的整体视角，从这一个视角审视知识产品制度的公平正义性。在全球性制度构建过程中，以人类整体利益为基本判准具有合理性和进步性。中国等"一带一路"沿线国家，尤其是发展中国家应当积极主动地参与到规则的制定中，辨明其中的合理和不合理因素，争取规则制定的国际话语权。并且在此过程中，要明晰符合本国自身利益的传统文化知识和符号元素的保护规则。

推动可持续的知识产权保护合作机制的构建。这种可持续的知识产权保护合作机制的构建基于中国身份混同的视角。中国虽是发展中国家，但已经开始逐步向创新型国家转型。并且，中国推动了"一带一路"的实施。由此，构建科学理性的知识产权保护制度是"一带一路"沿线国家共同面临的政策性议题，是所有国家实现创新转型的必由之路。中国若要实现"一带一路"知识产权保护合作机制的构建，其中需要把握两个基本条件：广泛认同和利益均衡。因为"一带一路"所串联起来的国家政治经济文化都具有显著的不同，而合作机制的形成无法通过强制力，一来是不具有现实可操作性，二来是如此将严重悖反巩固和谐的目标以及达成合作的初衷。所以，合作机制的建构需要沿线国家的广泛认同，努力推进其成为人们普遍接受的公共品。为实现这一点，需要进行利益均衡分析和考虑。如何实现利益均衡，大致可透过以下两点的思考：一是，应当区分客观性和主观性差异。合作机制的目的在于消除主观所造成的差异，实现一定程度的均衡化。但有些客观性差异形成的原因复杂，无法仅透过此合作机制予以消除，否则其负载过重，而且绝对的平衡本身就是一种无法实现的空想。二是，对知识产权的强保护和市场充分竞争并不应决然对立。其实两者处于对立统一的关系中，对于知识产权人的权利的充分保障能实现其效益，这一点反馈到市场上将形成活跃的知识产品的供给。也就是说，知识产权制度否定的是单纯通过模仿式的竞争，而鼓励高质量的市场竞争。①

① 高云峰，刘亚军."一带一路"倡议下知识产权保护合作与可持续发展目标的实现[J].社会科学家，2020(4)：128-134.

第二节 中国对外文化贸易规则保障

一、文化贸易规则体系的相关论述

众所周知，文化贸易与货物、服务等贸易拥有着同等重要的历史地位。我们可以将文化贸易划分为两种贸易方式：其一为文化服务贸易，其二则为文化产品贸易，即将无形的贸易转变为了有形的贸易方式，以可视化的方式呈现（服务和产品）。早年间，文化贸易作为国际贸易的一种形式，在国家与国家间的经济等要素的往来中得到了大力推动，蓬勃发展。对外文化贸易在发展过程中，不仅促进了国家经济的增长，一定程度上也对外传播了中国优秀的传统文化以及具有借鉴意义的国家治理政策等社会意识形态，也对我国偏远山区的非物质文化起到了积极的改善作用。随着全球国际化程度的加深，文化贸易逐渐夯实其在国际贸易中的地位，同时关于文化贸易的话题也是层出不穷，引起社会的广泛关注。古往今来，经济社会发展的地域就会有相关法律的存在，经济贸易制度的存在一定程度上与地区间的贸易息息相关，文化贸易同样如此，因此可以说，经济贸易制度与文化的相辅相成造就了现如今的文化贸易规则体系。

谈及文化贸易规则体系，并没有相关成文的法律条文所形成的经济贸易制度去对各国家的对外文化贸易进行强有力的约束以及限制，然而，随着经济全球化的发展，一些与贸易相关的国际机构（如联合国教科文组织、世贸组织、世界知识产权组织）开始将目光聚焦于各国的对外文化贸易，紧接着形成相关的法律条文服务于各国文化贸易（文化服务贸易和文化产品贸易）往来。通过相关的文献梳理，笔者发现相关的经济贸易制度主要从保护主义（其中包括文化产品多样性、知识产权等）以及贸易便利化、贸易自由化等角度服务于各国对外服务贸易，以保障和推动各国乃至全球文化贸易的快速发展。另外，在各国文化贸易往来存在不可避免的贸易争端背景下，相关国际机构约定的法律条文抑或是经贸制度可以为这种贸易争端提供有效且强有力的解决方法或途径。

在文化贸易规则体系背景下，在文化贸易特殊性的问题上，国内外学者有着较为丰富的研究。一方面，就文化产业特殊性而言，雍容波和彭玲艺[1]认为文化产业相比较于其他产业来说所具有的特殊性主要体现在以下几个方面：第一，基于文化产业的内涵的视角。文化产业具有更深层次的作用，即"师者，所以传道授业解惑也"。文化产业虽然也会如其他产业那般以营利为目的，但文化产业是能够向普通大众传递"真善美"的精神物质，将正确的观念（价值观、世界观、人生观）向大众宣传，如尊师重教、尊老爱幼、热爱祖国，可见，文化产业的发展为构建社会和谐稳定幸福发展，加强国家凝聚力，推动中国特色社会主义建设做出了贡献。第二，基于方式的视角。这里的方式主要指的是文化产业的生产方式和销售方式，首先，就生产方式而言，其他产业的生产方式主要借助于有形的要素，如生产机器、工厂、工人等要素进行产品的加工和产出，反观文化产业则有着很大的不同。其次，就产品销售方式而言，文化产业中顾客与生产者之间的关系则可以表现为被宣传者与宣传者，而其他产业则是实打实的商品交换。最后，就顾客消费后产生的效果而言，文化产业更多的是对受众的精神世界产生冲击，具体来说，受众的想法、观点可能会在消费文化产品后发生改变，这或许是文化产业区别于其他产业的不同之处。另一方面，就文化产品而言，由于文化产业更多冲击的是受众的精神世界，可见，文化产品的类型大都也是能够对自我产生冲击的精神产品，而其他产业生产的则是用于日常生活的物质产品。韩立余[2]认为文化产品同样可以看作一种无形的精神产品，且受到相关知识产权政策的保护，另外，文化

①雍容波,彭玲艺.论文化产业的特殊性[J].科教导刊(上旬刊),2015(16):58-59.

②韩立余.文化产品、版权保护与贸易规则[J].政法论坛,2008(3):150-158.

服务贸易与文化产品贸易之间存在密切的关系。

二、中国对外文化贸易的法律保障

伴随着产品市场逐渐扩大以及相关领域更加精细的社会分工安排，文化市场化和文化经济化逐渐成为新兴的经济发展模式。纵观全球经济，文化贸易乃至文化经济在整个世界经济市场占有一席之地，一跃成为世界经济发展重要领域中的一环，可见文化市场发展的必要性和重要性。我们知道，良好的市场经济发展离不开相关法律法规的限制，同样也离不开相关监管制度的限制，因此，一个有序稳定、健康发展的法律规则对于文化市场经济的发展具有基本保障作用。随着世界经济全球化大趋势的演进，各国间文化交流逐渐趋于频繁，在这样的背景下，关于文化贸易方面的相关政策规则日益突出。美国会向世界贸易组织争端解决机制提起申诉以反映中国诸如文化产品等方面的贸易措施以及相关的政策制定，文化贸易间竞争上升为外交之争，乃至国际话语权之争，可见，我们不得不就文化贸易相关的规则进行深入的思考。文化贸易的国际竞争力不仅需要具有高质量且具有高水平、核心的文化产品，还需要更为重要的外围保障作为支撑，诸如相关的法律规则和经贸制度。达尔文的"弱肉强食，适者生存"较为妥当地反映了当今国际大环境，中国的文化产品贸易和文化服务贸易要想在国际大环境下分得一块蛋糕，亟须要做的就是积极地将自身文化贸易参与到国际的文化贸易竞争中，主动地去适应国际文化贸易相关的规则，促进本国文化贸易的发展。在这样一个参与过程中，争取早日摆脱文化贸易规则"被动参与者"的角色，积极主动地转变成为"贸易规则制定者"的角色，通过角色的转变，积极参与到国际竞争中，积极学习他国的长处，弥补自身的短处，拥有更多话语权，积极改善不利于我国文化贸易发展的环境和法律规则，促进中国文化产品贸易和文化服务贸易的蓬勃发展，保障自身的文化权益，继承和发扬中国文化。

在角色转变和争取更多国际话语权乃至提升文化贸易国际竞争力的过程中，我们的第一要务就是积极应对国际贸易规则，积极融入且较好适应相关的国际规则是关键。具体的应对措施主要涵盖以下几个方面：第一，基于国际大环境，积极参与国际文化贸易规则谈判，争取更多的国际话语权。国际贸易规则谈判为各国解决文化贸易冲突提供了一个好的平台：其一，1993年的乌拉圭国际贸易规则谈判，美国坚持文化贸易自由化，不搞特殊化；而欧洲国家则出于对自身国家文化的保护，坚持"文化特殊性和多样性"的观点，认为文化贸易要与一般贸易区别开来，维护和保障文化多样性。1988年蒙特利尔会议上就两种观点产生了冲突的问题提出了"文化例外"的论断，然而并没有被乌拉圭谈判所采用。其二，2001年的多哈国际贸易规则谈判。谈判表决中设计的内容广泛，但仍然未将"文化多样性"的社会目标提出。其三，坎昆国际贸易规则谈判。谈判的关注点主要集中在农业的出口支持、农业补贴、市场准入（主要涉及的是非农业产品），这极大调动了坚持主张文化保护或者文化多样性人员的积极性。可见，在积极参加国际规则谈判的进程中，我们需要做的是基于国际现有规则层面，运用多样化渠道和专业知识去构建合理且令受众信服的文化产品贸易和文化服务贸易规则，进而以更为和谐和平衡的处理机制去解决中国文化贸易中遭遇的争端以及冲突问题。谈及文化贸易冲突问题，它主要涵盖两大方面：一是较为直接的贸易冲突，二是比较隐晦的贸易冲突，但本质上来说，这两种贸易冲突虽然常常表现为价值观念的冲突，但从根本上来说还是会回归到文化与经济层面，换句话说，与利益问题挂钩。第二，国内法与国际法要相辅相成，相互适应，二者是发展文化贸易大的方向。具体政策措施表现为：在国际法关于文化贸易规则制定大的框架下，积极探索和制定有利于中国对外文化贸易的国内法则，并使其不断完善，以适应整个国际文化贸易大环境，实现在文化贸易领域中国际法与国内法的有效衔接。

结合中国对外文化贸易相关领域的法律规则和经贸制度的制定情况和

运行现状，我们经过借鉴相关研究和深入思考，认为可以从以下两大方面展开深入研究以解决中国对外文化贸易关于贸易规则的问题，进而大力推动中国对外文化贸易发展。一方面，基于宏观层面的分析，深入研究与文化贸易相关的法律制定的原则、理念以及发展渊源，并进一步了解分析国际相关机构（如世贸组织、联合国教科文组织）和双边协议关于文化产品贸易和文化服务贸易的相关规定，最后阐述相关结论和获取的相关启示，为中国对外文化贸易发展法律规则制定提供参考。另一方面，实现文化贸易国际法与国内法的有效衔接。中国在对外文化贸易进程中，因国际贸易相关规则带来的挑战一定程度上阻碍了文化贸易的发展，因此，我们应该尊重国际文化贸易规则，切不可大意，草草了事，应以积极态度面对衔接国际法进程中的挑战，制定和不断完善中国文化贸易的法律规则。我们知晓不管是文化产品贸易抑或是文化服务贸易，它作为区别于一般贸易的特殊贸易，在对外不断发展之时，对于吸引进来的事物要时刻保持警惕，具体措施是建立相关且合理的国内法律体系以进行约束，维护国家利益，保障文化安全，不断推动我国对外文化贸易蓬勃发展。

那么，国际文化贸易规则呈现何种特性，从对国际文化贸易规则的深入探究又能得到何种结论与启示？中国对外文化贸易又应如何发展，文化贸易政策应如何制定，进而与国际文化贸易规则相适应？中国对外文化贸易法律体系又应该如何制定，才能实现国际法与国内法的有效衔接？这些问题都是值得我们去深入探索与思考的，它不仅仅关乎中国文化服务贸易和文化产品贸易自身的发展，还关乎中国传统文化乃至全人类文化的传承与发展等一系列问题。

三、与国际文化贸易相关的规则

随着世界经济全球化和国际文化交流的频繁，中国在对外文化贸易过程中，需要把握好以下几点：首先，在国际贸易大环境下，国际贸易规则存在即合理，相关国际贸易规则不管是有利于本国贸易还是不利于本国贸易，本国在对外贸易过程中一定要对国际贸易规则保持尊重敬畏的姿态。文化贸易作为一种特殊的贸易亦是如此，充分理解相关的国际文化贸易规则，抓住潜在的机会，大力推动对外文化贸易发展。其次，通俗来说，国际贸易规则在某种程度上代表的是各国力量综合博弈的结果，代表一国国际话语权。中国要想在国际上提升自身地位，实现自身对外文化贸易的大发展，就必须积极参与国际贸易规则谈判，积极参与相关国际文化贸易规则制定，转变自身"规则被动接受者"的角色，积极主动成为国际文化贸易规则制定者，保障自身文化贸易输出。最后，由于文化产品贸易和文化服务贸易具有特殊性而区别于其他国际贸易，推动文化贸易对外发展的过程是一个"海纳百川"的过程，因此，吸引其他文化贸易到本国市场时，一定要在国内法层面制定相关的规则来加以限制，约束外来文化贸易，本国文化市场不能完全彻底放开。

相关学者主要从国际多边贸易规则体系、双边或区域国际文化贸易规则和中国对外文化贸易法律体系三大方面对文化贸易规则体系进行深入分析，下面将从上述三个方面分别展开论述，以期为促进我国对外文化贸易发展提供参考。

1.国际多边贸易规则体系

从整个国际社会的层面来看，文化贸易相关的规则总的来说大致可以分为两个大类：其一是坚持主张"文化多样性"的联合国教科文组织（UNESCO）制定的贸易规则，该组织的主要使命是促进各国思想自由交流，在推进思想交流，传承和发扬文化的同时，坚持"文化多样性"，避免文化多样性在贸易自由化进程中被破坏；其二是坚持"贸易自由化"的世界贸易组织（WTO）制定的贸易规则体系。世界贸易组织一般主张的是实现世界贸易的自由化，并未将关注点聚焦于文化贸易，因此，文化服务贸易和文化产品贸易在国际的发展大都根据文化产品的内容（公共道德以及公共秩序等）来制定相关的贸易规则，即可在遵循相关前提下，与现有的贸易义务（国民待遇、数量约束义务等）相背离。

联合国教科文组织制定的国际文化贸易规则。伴随着历史的不断向前推进，联合国教科文组织制定的文化贸易规则也处在不断发展的过程中。本部分将具体从以下几大类来对与国际文化贸易相关的贸易规则进行介绍。第一，联合国教科文组织第一个议定书1954年《海牙公约》的制定拉开了保护文化财产的国际公约的序幕，之所以这么说，是因为议定书提出了保护国际文化财产的相关法律规则，譬如任何国家的任何个体要对侵犯文化财产的行为承担个人责任；基于文化财产的特殊性，保护文化财产的法律措施也应具备特殊性；针对侵犯文化财产的行为，侵犯者的政府不是唯一的起诉对象。第二，联合国教科文组织随后在1970年提出"1970年公约"，公约制定的根本目的是避免文化遗产因文化产品的所有权转移而被遗失和被破坏。并且"1970年公约"针对文化财产的内涵以及涵盖范围做了进一步较为明确的定义，即具有重要考古（考古发掘或考古发现的成果）、史前史（稀有的动植物等标本）、历史（与历史相关重大财产等）、文学（稀有手稿和有特殊意义的古版书籍等）、艺术或科学价值的财产均属于文化财产。第三，在贸易自由化前提下，1950年提出的《佛罗伦萨协定》的根本目的在于加强各国间的文化交流。该协定规定放宽对科教文化产品进出口的限制，且对用于教育、科研和文化的物品不征收进口关税，为国际文化交流扫清障碍。第四，随着文化交流的扩大，1970年的《内罗毕议定书》在《佛罗伦萨协定》已经不能充分满足现实需要的背景下产生。同样的，该协定也通过采用与《佛罗伦萨协定》相同的贸易规则为文化交流清除障碍，促进文化贸易。此外，该《协定》将制定的贸易规则适用到高技术产品，进一步扩大使用范围。第三与第四个协定虽然规定对科教文化产品放宽管制，但仍然会对损害本国文化产品市场或威胁本国文化安全的外国文化产品实施进口禁止或限制。联合国教科文组织颁布的《组织法》第1条第3款中明文规定："文化的丰富多样性"被用于限制联合国教科文组织的范围和权限，以维持成员国在文化、教育和科学方面的独立性和完整性。2001年通过的《世界文化多样性宣言》更是强调各国应采取相关保护措施或政策以维持文化多样性的完整性，在保护文化多样性的前提下，吸引大众参与其中，增强社会的凝聚力，促进民主社会的形成和发展。

从联合国教科文组织制定的国际文化贸易规则中，我们可以总结出如下相关结论：第一，随着经济全球化蔓延，文化贸易逐渐成为国际主要的贸易模式，越来越多的国家开始聚焦于国际文化贸易规则的确立，各国参与国际文化贸易规则制定的积极性更高，在国际贸易大舞台上争取更多的话语权，以推动本国文化贸易的健康发展。第二，文化多样性越来越受到国际关注，文化多样性的提出能够保障各国传统文化，且能促进国际文化的交流，提供给他国学习借鉴的机会，文化多样性应该以文化自身的发展规律为前提，在文化交流的过程中实现动态的文化多样性发展。第三，文化例外成为保护文化多样性的主要原则，且在国际贸易规则中，倡导文化例外原则是解决文化与贸易之间矛盾的唯一途径，可见，文化例外在各国发展文化贸易过程中能够发挥强有力的作用。文化例外虽好，但是不能以文化例外作为任何对抗理由的盾牌。

世界贸易组织制定的国际文化贸易规则。世界贸易组织主张贸易自由化，1947年版的关税及贸易总协定（GATT）对文化贸易的相关规定主要体现在以下几个方面：第一，针对电影影片的相关规定。主要涵盖了电影配额分配的非歧视性原则，要求缔约方必须通过谈判确定涉及电影配额的限制、放宽或取消等问题（第4条）。第二，针对正常贸易中特殊情况的保障措施，如缔约方有权在文化产品由于与本土同类文化产品竞争中销量受到威胁情况下对该产品全部或者部分中止义务或撤销或修改减让（第19条）。从1947版的关税及贸易总协定制定的国际文化贸易规则中，我们可以总结出如下相关结论：第一，从关税及贸易总协定（1947）的第4条针对电影影片例外措施的规定，可见电影对一国政治方向乃至民众政治立场都能产生深刻影响，对外文化贸易与一国政治有着密切关联，制定电影方面的相关贸易规则至关重要。第二，从关税及贸易总协定（1947）的第19条相关规定，可见文化贸易由于其具有特殊性而区别于其他国际贸易，吸引其他文化贸易到本国市场时，一定要约束外来文化贸易，保护国内市场是首要价值选择。第三，一定要在国内法层面制定相关的规则以抗衡国际规则，维护本国文化贸易利益。

考虑到文化贸易包括文化产品贸易和文化服务贸易两大类，因此，了解服务贸易总协定（GATS）中关于文化贸易相关规则是有必要的。在立足于构建服务贸易规则的多边框架背景下，服务贸易总协定为了扩大全球服务贸易，不仅接受关税及贸易总协定（1947）的相关贸易规则（最惠国待遇、国民待遇等贸易自由原则）并将其进一步完善，还立志于区分货物贸易和服务贸易，将相关贸易规则分成两大部分：附件和基础条文。除了服务贸易总协定的相关规定，《知识产权协议》（《TRIPS协议》）的相关贸易规则将贸易规则与知识产权紧密结合在一起，文化贸易的相关规定主要体现在以下几个方面：第一，对有关限制与文化例外、作品出租权、著作权保护对象等方面的规定；第二，针对国际文化贸易存在的不合法贸易与竞争以及仿冒、盗印商品等侵害知识产权的行为进行有力的防范与打击。从服务贸易总协定和《TRIPS协议》制定的国际文化贸易规则中，我们可以总结出：关于国际文化贸易的规则逐渐确定下来且越来越丰富。

2.双边或区域国际文化贸易规则

国际上有诸多双边或区域协定被用来作为国际文化贸易规则，如1988年的《美加自由贸易协定》，该协定以消除贸易障碍、投资环境自由化，建立两方贸易争端解决机制以确保两国间的经贸活动为宗旨。《美加自由贸易协定》不仅重新定义了文化产业的内涵以及文化产业所涵盖的诸多类型（如录像带、广播电视、印刷品以及音乐等），该《协定》还提出了"文化产业例外于本协定规定的自由贸易规范"和"任何违反该协议其他条款（除了前项之外）的措施，他方可采取商业上相应的反制手段"的规定，因此，当一国文化产业遭受到不平等待遇时，政府有权采取反制措施。通过对双边或区域国际文化贸易规则典型例子《美加自由贸易协定》的深入探究，我们可以总结出如下几点结论：第一，在双边贸易协议中，签订双方应积极交流，秉着精诚合作的态度，去实现协议内容的广泛细化，实现双方的利益最大化；第二，协议签订双方应该以双方共同的利益为出发点，切勿将自己利益看得太重；第三，国家的综合国力一直都是各国国际话语权的依据，因此，在这个不完全平等的国际合作中，需要进一步探索和深入研究文化例外和文化保护的方式和途径。

欧盟各成员国始终坚持保护本国文化多样性，因此他们在文化贸易规则制定方面具有较高的自主性。1982年在"强化欧共体的文化行动"的文化公报强调：补充和辅助是欧共体在参与各成员方政府和其他国际机构开展的文化活动时应该遵循的原则。2000年的《欧洲理事会文化多样性宣言》指出：人类社会进步中应该尊重文化多样性；欧盟各成员国自行制定相关法律规则，实现本国文化产业和文化贸易的发展，同时欧盟等相关组织不干预各成员国文化贸易发展，以促进各成员国的自由竞争，加强文化交流。

3.中国对外文化贸易法律体系

中国对外文化贸易法律规范的现状。在当前文化发展的进程中，我国政府根据中国国情强调文化产业的重要性，随着文化产业的蓬勃发展，文化法律已经难以适应当今社会发展的需要，与发达国家相比，我国的文化产业方面的法律法规尚未形成一个统一的有机体，相关立法层级不高，亟须完善文化产业法律体系，与我国人民日益增长的文化需要相匹配。

宪法是我国的根本大法，自2001年中国加入世界贸易组织以来，我国在文化产业上取得了著作权法、专利法、商标法、文物保护法、非物质文化遗产法、广告法等方面的立法成就。但是，随着我国对外开放的不断深入，当前已有的法律法规难以满足对外的要求，在对外文化贸易的不断发展中，我国在文化产业相关立法方面仍存在如下几个方面的不足：第一，立法系统不完善。由于文化产业并不是我国当前经济的支柱产业，所以关于文化产业方面的立法缺乏整体协调性。具体来看，国家对立法的规定比较少，而相应的部门规章较多。部门之间如果缺乏交流与协调，会导致执法难、守法难、监管松等不良现象。因此，我们应该从中央的视角来制定出适合文化产业发展的法律，从而会更加符合整体性文化产业体系。第二，相关文化产业法律的制定过程漫长且曲折，譬如"电影法"的制定，从电影法到电影促进法乃至现在的电影产业促进法，筹划于20世纪80年代，直至2016年才最终画上圆满句号。这些现象，一方面会由于相关法律不全，导致在对外贸易方面出现的问题无法解决，另一方面，这会在一定程度上抑制文化产业的发展。第三，我国文化产业法律无法很好地衔接国际规则。当前文化产业法律发展在国际公约方面存在一定的局限性，不能在立法方面得到很好的运用。我们在顺应全球化发展的同时，还要充分实现文化产业全球化发展。第四，针对文化产品贸易方面，与其相关的法律政策很少。我国当前并没有一套整体的文化产品贸易和体系。随着文化产品贸易的蓬勃发展，我国已制定出相应的法律，但是远不及文化产品贸易的发展，以致当前文化产品贸易的法律不完善，由此，会严重抑制我国文化产品贸易以及文化产业的发展。

中国对外文化贸易法律体系构建的基本目标。随着中国文化产业的逐渐升级，越来越关注区域之间的互相交流协作，譬如"一带一路"、长江经济带、环渤海经济区等。信息化时代和5G大数据时代即将到来，文化产业更要借助此优势，为实现"两个一百年"打好基础。这也会为我国制定文化产业相应政策提供一定的理论基础，"十四五"时期是文化产业借势发展的好时机，是实现产业结构升级的关键期，我们应该结合文化贸易产品的发展现状，确定基本发展思路：优化产业结构升级、调整进出口结构。具体来讲：在"十四五"这一关键时期，力争文化产品的良性循环发展与转化，加大文化等资源的投入，加快要素优化配置；另外，利用互联网技术，深入挖掘相关文化等资源，不但可以在国内市场上实现文化资源的充分运用，而且还将国内市场与国外市场有机结合，通过资源的交流与互换，取长补短，实现资源的有效配置，让最基础的文化产品不断地由国内发展逐渐扩展到国外市场，不断地交流，实现国内国外统一，最后可以使产业结构升级。在这样的发展背景下，必须要规范文化贸易，由此会产生当前中国对外文化贸易法律的目标：尽快设立好相关文化产业等方面的立法，通过在宪法这一根本大法的基础上，建立与文化产业相适应的部分法规；在国际规则的背景下，不仅要遵守国际规则，而且要适应国际规则，扩大国际规则制定话语权。

中国对外文化贸易法律体系构建的基本原则。随着我国对外贸易法律体系的不断构建，文化产业也逐渐占有重要的地位，最终发展为我国经济的主要支柱行业。伴随着对外贸易的不断扩大，其中对外文化贸易占有的比重越来越大，这对我国经济的拉动作用会更加明显，因此，对外文化贸易已经提升为我国经济发展的战略地位。我国制定对外文化贸易规则的三项基本原则为：必须坚持从实际出发、实事求是的原则；必须坚持民主、公开的原则；必须坚持保障公民文化权利的原则。关于我国对外贸易立法方面应该坚持如下几项原则：第一，立法法必须在遵循宪法的前提下，以经济建设为中心，坚持社会主义道路，坚持人民民主专政，坚持中国共产党的领导，坚持马克思列宁主义毛泽东思想。第二，在立法法的前提下，我国对外贸易法律必须要制定出符合相关文化产品的特点。由于相关文化产品有自己的特性，通过影响人的意识和心理活动来影响整个市场，当然，还有一些文化产品并不是完全依靠市场来调节，或者根本不能被市场化，如果是这种情况，需要政府进行调控，干预相关的文化贸易行为。第三，在立法法的前提下，制定对外贸易相关法律要坚持社会效益和经济效益相统一。文化产品可以使一个人的精神得到充实，但是在当今经济效率逐渐提高的同时，文化产品可能就不是在追逐质量而是效益，这种行为最终会对中国文化贸易发展的前景产生负面影响。我们必须在制定相关法律的前提下，在保证经济效益增长的同时，也提升中华优秀文化的广泛传播。第四，在立法法的前提下，制定对外贸易相关法律要遵循国际准则。

各国关于对外文化贸易的法律存在差异，而一旦与其他国家产生不必要的矛盾时，必须采用国际准则来作为准绳。我国自加入世界贸易组织以来，已经顺应全球化的发展，如果想更好地开展对外文化贸易，在满足当前中国的国情时，必须在相关立法时考虑与国际接轨。

立体化构建中国对外文化贸易法律体系。我们对外贸易的对象涉及国内、国外，因此在相关对外文化贸易的法律体系构建当中，要完成如下几个方面：第一，必须完善国内有关文化产业法律。中国的文化博大精深，其蕴含的资源也是非常丰富的，当前中国文化产业亟须加速转型，此时必须要出台促进文化产业的法律。第二，让中国文化市场走出去。要想让中国文化市场走向世界，必须要熟悉和掌握国际准则以及相关文化贸易规则，有针对性地学习并掌握他方的法律条约，减少不必要的摩擦。第三，要积极主动地提出自己的想法，当然相关法律还是必须要严格遵守的，努力实现国内与国外达成一致的法律法规。除此之外，政府也要通过相关的政府补贴以及税收优惠等方式来支持产业良性发展。虽然文化产业被提到战略性地位，但是其真正的经济活力并没有得到完全的激发，相关文化企业的发展仍存在一些困难，所以相关法律的制定必须符合国际发展的潮流和趋势。中国要始终坚持对外开放，但是在吸收一定优秀的文化产品时，也要有一定要求。在有关文化产品的法律制定当中，不仅要保值也要保量，充分发挥文化软实力。要想真正让中国的文化"走出去"，还要积极寻找合作伙伴，积极参与其他国家的合作组织。我国文化产业的双边和多边贸易相关的协议还不多，中国必须要高度重视与其他国家的合作，在文化战略大力推进的同时，主动提出有关文化贸易的规定，推动文化产品顺利"走出去"，同时，吸收优秀文化产品"走进来"。

四、对外文化贸易发展的思路与对策

关于对外文化贸易发展的思路与对策，我们重点谈谈我国文化产业发展，以文化产业发展推动我国对外文化贸易发展。我国文化产业的发展应该包含：文化内容的挖掘、文化形式的创新、文化产业品牌的培养、文化企业的国际化等。要想不断地积累文化资源，最终实现人类文明社会发展与进步，必须要建立文化产业发展的标准，构建具有目标的文化产业指标体系。我国文化产业的蓬勃发展，得益于中国构建的文化产业指标体系，其应当是包括：经济增长、人的全面发展、社会文明进步。我国当前面临的一个重要挑战就是我国在实现文化产业发展方式转变的同时，实现文化产业发展的文明转型。首先，文化产业发展需要一个健康的文化产业的资本市场。所谓的健康的文化产业的资本市场是可以为文化产业的发展提供充足的资金支持，而不是表面的账面价值。当前我国文化产业普遍存在融资难问题。资本市场不同于一般投资品的交易，它相当于一种融资平台，通过资本市场获得融资能力，来解决中国文化产业融资困难的问题。但是，资本市场不会产生文化软实力，更不会提高一个国家的文化产业竞争力。而任何一个国家的文化产业竞争力是依靠自身文化产业生产能力和其本身文化产业的市场占有率来提升的。因此，中国文化产业发展不能只依靠"投资驱动"，而应该大力推动和发展"创造型驱动"，积极倡导文化消费需求。其次，中国文化产业必须要进行战略性调整。1999年的文化产业发展是处于萌芽时期，当时制定出的相应文化产业发展指标以及体系是一个初步的概念分析与最基本的框架结构。这可能会当作一个大数据时代来临之前的最基本的参考，改革开放四十多年来，可以发现中国文化产业发展是逐步转型发展。当前，中国文化产业进入了一个文化产业自觉的新的阶段，其文化产业自觉的核心就是相应价值体系构建，主要是指具有目标导向的指标体系。

我们生活在一个大数据时代，一切指标和概念都是用数据作为一个最基本的衡量标准，数据的获得程度会反映出人类所获得的自由程度，同时这也可以当作不同国家之间进行博弈的重要手段。其实，当今的绝大部分数据都是由那些欧美国家或集团所掌控的，发布的相应数据的指标体系与统计数据可以成为国家之间相互争夺资源的一种战略工具。因此，相关数据博弈并不是简单意义的博弈，会间接地反映出这个国家的某个行业的生存状态。绝大部分的数据都是保密的，是关乎整个国家的主权安全的。其实对数据的掌握程度能够反映并控制对产品定价的权利。中国自古以来都是农业大国，但并未掌握农产品的定价，究其原因在于我国尚未构建一套完整数据统计体系，缺乏详细的数据支撑。由此可以看出，文化上亦和经济上一样。截至目前，中国尚未构建一套完整的文化指标体系，由于这种缺失存在，一方面导致中国文化产业发展的盲目性，另一方面使得中国在文化产业结构调整和战略转型方面很可能误入歧途。由于文化产业数据的缺失，在一定程度上影响和制约了学界相关研究的进一步深入。因此，我们要对数据进行合理、充分的运用。要想使中国文化产业可持续发展，合理运用并挖掘大数据是关键。如今大数据的蓬勃发展，不论是对我国的经济社会发展，还是个人的生活方方面面都产生了深刻的影响。全人类都进入了大数据时代，文化产业制度衡量的标准以及如何衡量是当前我们进入数据时代的一个关于促进中国文化产业健康发展的重要命题。在如今的文化产业的发展中，中国能掌握多少话语权，关键还是取决于对大数据的掌握以及运用能力。中国仍处于并将长期处于社会主义初级阶段，发展不平衡问题也较突出。我国在制定相应的政策时，不论是政治、经济、社会以及文化，都必须根据我国的实际情况。

数字化背景下的文化产业是包含数字化发展与文化产业的深度融合，而并不是简单将两个词进行叠加运用。这种新型的文化产业可以在一定程度上克服传统的文化产业壁垒，实现整个产业的高度融合，为文化产业的发展提供更多的可能性。

一是发挥民主体制。一切文化产业的发展都要遵循习近平总书记关于发展的最基本要求。首先，肯定是离不开科学领导，只有好的领导才能使文化产业科学发展。我国正积极主动加大互联网与文化产业的融合，稳步探索文化产业未来发展的方向。其次，建立健全中国文化产业体系。改变传统的营销方式，让文化产业的格局发生改变，从而有助于文化产业的快速发展。再次，壮大文化产业市场主体，发展新型文化产业模式。互联网的发展可以带来多样化的文化产业发展，信息化水平可以为新的文化产业注入新的发展动力。以上是最基本的发展目标与方向，要想使中国文化产业改变传统的发展模式，离不开互联网的介入。当前信息化的蓬勃发展可以为中国文化产业发展保驾护航。作为一种新型的经济发展方式，文化产业是在互联网时代背景下的至关重要的一个部分。李克强总理提出的"大众创业、万众创新"很好地诠释了互联网飞速发展包含的创新元素，同样地，文化产业的发展也需要创新，才能有更广阔的发展前景。

二是打破原有文化产业结构，进行二次融合。当前的互联网文化产业就是要打破原有传统的文化产业结构，让创新的意识融入原有的文化产业结构当中，当然其中肯定是面临着众多困难，主要是运用互联网对资源的整合以及不断的优化配置，将传统结构当中的原有要素进行重新整合。其实这种线上与线下相结合的交流方式，会将中国特色社会主义的优秀文化产业保留，因此，我国更加注重文化体制改革的必要性。当前我国传统文化产业向新型文化产业转型也提出了相应的改革措施，党和国家高度重视中国文化产业建设方面，2009年推出了《文化产业振兴规划》，2010年将文化产业提升到战略地位，2012年习近平总书记提出要建设社会主义文化强国，2014年习近平总书记提出当前文化产业的发展要与时俱进，2016年习近平总书记颁布与实施相关文化产业政策等。当前互联网与文化产业融合的新型文化产业将会带领中国文化产业的发展走向新的发展高度。虽然可能会出现不平衡、不协调的政策实施与文化产业转型，但是我相信在党中央的领导下，我国文化产业一定会更上一个新台阶。

党的十九大报告中提到中国经济已从高速增长阶段转向高质量发展阶段。文化产业高质量发展不仅对于建立我国文化强国具有战略作用，而且其对于中国特色社会主义文化产业有重要支撑意义。基于"中国文化产业高质量发展指数（2019）"报告，表明了我国文化产业发展受区域的限制而表现出投入多、产出少的结构失衡的不利局面，尚处于一个水平较低的发展阶段。面对当前我国高质量发展转型的艰巨，应该从如下几个方面来促进中国文化产业的发展：

第一，以创新来驱动相关产业融合。各行各业都需要进行创新来不断地发展与进步，当然文化产业也不例外，只有创新才能使一个行业持续且健康发展，关于文化创新主要有关于内容方面的创新，还有关于科技水平方面的创新。众所周知，那些具有较强的社会竞争力的文化产业，其主要凭借着其创新能力与水平取得相应的地位。有的企业甚至将创新当作一项资产，起到保值增值的效果。企业在期末考核评估时，在满足社会效率之外，将创新指标当作整个企业管理体系的核心内容，将其上升为文化产业一个新的层级。另外，还应该发挥创新溢出效应，文化产业的创新可以带动其他行业的发展，要充分发挥和运用这种创新溢出效应，促进中国文化产业的健康发展。文化产业发展的实质是科技和文化的创新的结合体，充分发挥辐射效应。

第二，文化产业制度改革继续深入。通过改革开放四十多年的辉煌发展路程可以看出，不断的改革开放是解决当前我国文化产业投入多产出少的状况以及当前国际贸易局面劣势地位的途径。中国文化产业的高质量发展必须要以当前的高开放水平为机遇，并充分发挥"鲇鱼效应"来激发我国经济发展的整体活力。我国充分发挥文化产品贸易优势的同时，仍需改善文化贸易服务水平，这不仅对我国服务业发展具有促进作用，而且可以提升我国文化产业的国际竞争力。文化贸易的发展不仅仅是文化产品的贸易，更多的是文化服务，我们需要加大文化产品向文化服务转型升级，建立起与当前高质量发展水平相适应的文化体系，并通过相应的制度创新来提升我国特色文化产业治理水平。

第三，通过相应的供给侧改革来改善投入质量。通过相关报告显示，我国文化产业确实是存在投入多产出少的问题，表明了我国文化产业发展的方式主要是投入型，相比于产出，我国对文化产业的投入鼓励多渠道，比如通过招商引资来对文化产业进行投入，通过商业空间以及土地进行投入。我国虽然对文化产业投入增多，但是从近些年存在的问题来看，投入的相应资产具有低质量和低效率的现象，虽然量达到了，但是其效益还是远远不够的。当今整个社会的资源是稀缺的，我们不能简简单单地追逐投入量，而应该更多地关注其投入的质量，充分运用社会的每一份资源，使资源利用最大化。必须要调整当前高速度增长的粗放式增长模式。加之，当前中国文化产业发展转型的关键时期，更应该珍惜每一份资源，将每一份资源都用在刀刃上，然后再制定出更细致、科学的政策。

第六章　中华文化元素对外传播
在"一带一路"国际合作中的地位与作用

在全球政治经济一体化的背景之下，促和平、谋发展、求合作、享共赢成为各国的普遍利益和诉求。随着"一带一路"倡议的提出，文化自信被赋予了更加深刻的时代内涵和更加重要的现实价值。"一带一路"作为我国积极推动各国政治互信、经济交融、文明互鉴的一项伟大实践，文化的支撑作用显而易见，特别是文化自信的彰显更是意义非凡，具有十分重要的现实价值。①

"一带一路"内蕴，具有国家推动、通盘谋划、整体布局的特质与共同参与、通力合作、造福彼此的倡议特性。软实力建构作为国际政治的新特点和国际交往的新要求，表征了文化形态发展认同力、吸引力与国际影响力演变的新趋势。在现实性上，"一带一路"的软实力建构，凸显于软环境与硬实力的时代命题，发展于物质力文化刻写的话语表达；"一带一路"软实力形塑的当代表现，强调于政治中介与经济基础的相互支撑，生发于政治观念与文化意涵物态转换的价值诠释；"一带一路"软实力释放的现实拓展，阐释于不同文明主体文明互鉴的相向而行，升华于价值交往、理解沟通、优势互补的软实力导向。就此意义而言，"一带一路"文化意蕴的软实力建构，以沿线各国人民互信互敬的和谐共享、文明互鉴的

---

① 万秀丽,申灵敏.文化自信在"一带一路"倡议中的价值及彰显途径分析[J].实事求是,2018(3):100.

共赢共通，展演着软实力建构的东方语境。①

"一带一路"国际合作为中华文化元素传播提供了一个崭新的平台与契机。在历史上，古丝绸之路不仅是商贸之路，还是文化交流之路，更是文明对话之路。古丝绸之路承载着"一带一路"沿线国家与中华民族共同的历史记忆，有助于跨越民族宗教与历史文化之间的鸿沟，在相互理解、彼此包容的基础上推动中华传统文化元素在沿线国家的深入传播。在新时代，随着"一带一路"国际合作的深化，政策沟通、设施联通、贸易畅通、资金融通、民心相通不断深入发展，为中华文化元素的对外传播营造了良好的政治、经济环境，拓展了国际化的新空间，筑牢了物质、民心基础，提供了更加便捷有效的传播渠道与平台。在"一带一路"倡议下，沿线国家政府间的合作更加密切，在一定程度上形成了共商、共建、共享的共识，努力化解政治上的分歧与冲突，寻求最大公约数，在最大可能上通过经济合作，形成你中有我，我中有你，彼此不可分割的利益共同体和命运共同体。沿线政府间的合作，推动了一系列与"一带一路"倡议对接的区域性合作战略，进而促进区域性的互联互通体系之间的合作。

第一节　中华文化元素对外传播在"一带一路"国际合作中的地位

一、文化交流在国际合作处于基础与前提地位

文化符号是文化表述的载体，是能够引起联想、提供认同的直接路径，涵盖一个文明主体的各个方面。中国文化博大精深，无论是从人物到

---

① 王天琪,曹小曙."一带一路"文化意蕴的软实力建构[J].陕西师范大学学报(哲学社会科学版),2018(1):49-54.

思想，还是从生活方式到艺术作品，都体现着文化符号的丰富多彩。在悠久的历史中，人们的价值信仰基本上都直接来源于图腾，而后才是对祖先和皇权的崇拜。能够代表中国文化的符号必定是能够在一定区域内为其他文化主体认知并能够通过其本身了解中国文化的。以文化符号为路径阐释文化，是文化传播的独特方式，但是能够用来全面、集中地阐释中国文化、体现中国文化价值的文化符号并不多，形成了中国文化符号表述的困境。

2008 年美国《新闻周刊》通过网络投票的方式评出了代表中国的 20 个文化符号，汉语、北京故宫、长城、苏州园林等都位列其中。其中汉语位列第一，表明了语言在文化传播中的独特地位，但同时也说明距汉语成为世界性语言还有一定距离。2015 年，北京师范大学文化创新与传播研究院发布《外国人对中国文化认知调研报告（2014）》，报告显示，认知度最高的是中国自然资源，认知度最低的是中国哲学观念，并且中国文化中抽象的、观念性的文化符号在认知上低于与生活息息相关的具体文化符号。从上述两个调查结果来看，我们所认为的文化符号在传播中缺乏传播的便利性和相应的文化价值认同，即中国文化符号繁多，虽有助于全面了解中国文化，但从国家表述的角度来看则过于宽泛与松散，不够集中。

同时，在人类社会的演进过程中，文化差异自始至终都鲜明地存在着，表现为价值观、社会制度等不同，各个国家对文化符号有着自己的认知和见解，由此造成的文化误读和文化冲突也就不足为奇。比如，作为中华民族符号象征的龙图腾，在外国人眼中，"龙"凶猛又邪恶，而在中国人眼中，"龙"是权势的代表，是高贵的象征和幸运成功的标志。此外，文化虚无主义往往对文化的宣扬只停留在表面，如对弘扬社会主义核心价值观大谈特谈，实际上却对价值观一知半解。这些都造成了对文化认同的不深刻，使文化失去了其本身的价值。[1]

"一带一路"不仅是一条经济带，更是一条多民族、多宗教、多文明

---

[1] 龚洁."一带一路"战略下的文化传播研究[D].南京:南京信息工程大学,2017.

的文化带。"一带一路"是连接沿线国家的文明之路，也是世界多元文化平等展示的平台，但由于沿线国家国情复杂，政治生态不一，价值观和经济水平差异大，地缘政治复杂多变，也注定会充满矛盾与冲突，因此对于中华文化的接受程度也是参差不齐的。加之，"一带一路"沿线国家关于"一带一路"的舆论情况也相当复杂，对于中国和各自的角色和利益分配多有揣测。一类为"利益分享"型，认为自己的国家或所处地区将会从中国的发展中受益；另一类是"利益博弈"型，体现在过度担心"合作利益分成"中自己的国家没有足够的主动权，或自己的国家不得不通过出售土地、不可再生资源等不可持续的方式加入"一带一路"倡议的合作。①无论哪一类都默认了中国将在其中获益良多。再者，"一带一路"沿线的许多国家都有过被殖民的历史，殖民国家为了完全奴役被殖民国家，不惜用强制手段推行本国的文化价值观，从而试图抹灭被殖民国家的历史与民族认同，同化被殖民国家的意识形态与精神，使其彻底沦为附庸品。正因为此，"一带一路"沿线国家大多充满强烈的民族危机意识和精神独立意识，高度重视国家民族的统一与自身文化的独立性，对外来文化也保持高度的警惕性和敏感性。

鉴于以上诸种状况，为了推动"一带一路"沿线合作的顺利开展，中国必须正视事实，有效应对，消除沿线国家有关中国和"一带一路"威胁的言论。中国更应该在加强同"一带一路"沿线国家的经济伙伴关系的同时，通过对以中华文化元素为象征符号的中华文化的客观阐释和解说，来建立与沿线国家的"拥有共同命运归属感与文化共性的朋友"关系。②如此一来，中华传统文化中"己所不欲，勿施于人""和而不同""求同存异"等理念便显示其重要地位，将其作为文化交流的基础和前提，有利于消除中华文化传播给沿线国家带来的不安全感，更能够有力推动沿线国家的相互理解和共赢。

---

① 孙宜学."一带一路"与中华文化国际传播[M].上海:同济大学出版社,2019:4.

② 孙宜学."一带一路"与中华文化国际传播[M].上海:同济大学出版社,2019:2.

　　文化交流是"一带一路"发展倡议的主要内容之一，更是"一带一路"倡议的精髓。党的十八大报告明确提出扎实推进公共外交和人文交流，把文化交流放在更高的战略地位，赋予其更深远和重要的意义。为了实现"一带一路"沿线各个领域的密切合作，"必须得到沿线各国人民的支持，必须加强人民友好往来，增进相互了解和传统友谊，为开展区域合作奠定坚实民意基础和社会基础"。[①]通过人文先行，争取民心，增强沿线国家的命运共同体意识，夯实双方关系的社会土壤，深入推进"一带一路"建设的务实合作。

　　作为中华文化中具有高度凝练性、典型性、代表性，能够展现中华文化精髓的"象征符号"的中华文化元素，包含内容十分丰富和广泛，关涉到"一带一路"沿线国家人民生活的各个方面。其可以分为物质文化和非物质文化。物质文化中又可以包括中华民族独特的饮食、服饰、建筑文化。中国饮食文化不仅仅是单纯地将各种食材混合在一起，它还代表着地方特色和文化传统。同时，中国的饮食文化又与哲学有着密切的关系，渗透着"阴阳五行""天人合一"的理念，追求色、香、味、形、器的和谐。中国有八大菜系，受各地自然地理环境和人们的饮食习惯等因素影响，每样菜系都有着各自的特点。中国人吃的是智慧、体会的是美的享受、获得的是调和的情感价值体验。我们借助"一带一路"传播中国饮食文化，能够真实地向世界展示真实的中国百姓生活。通过舌尖上的认同，使各国逐渐对我国文化产生认同，通过传递美味，增进沿线各国人民之间的友好往来。服饰文化亦是如此，随着社会经济的不断发展，中国服饰文化在不断传承和创新发展，丝绸、旗袍、唐装、刺绣等已经成为中国文化的符号，并逐渐得到世界的认可走向国际舞台。第十八届海峡两岸纺织服装博览会提出要打造"海丝"纺织服装经济带。一方面有利于传播中国传统服饰文化，另一方面对沿线国家和地区的纺织业发展起到促进和推动的作用。"一带一路"沿线文化遗产是东西方文化交流的历史见证，历史古迹的开

---

　　① 汪铮.愿景与行动一带一路倡议的多角度解读[M].成都:西南交通大学出版社,2017:94.

放逐渐成为丰富文化外交和推动文化"对话"的"重头戏";跨国文化遗产的联合申报、文化遗产保护以及涉外联合考古成为文化领域"一带一路"建设的重要收获。除了长城、天坛等耳熟能详的中华文化元素之外,革命遗迹和纪念建筑也应该向外推广,挖掘其中的文化内涵。戏剧、中医药和民俗文化是中华传统文化中的非物质文化,体现了中华民族的审美习惯、传统技艺和社会意识形态,是中华民族传统文化的深厚积淀,也是中华文化元素的重要载体,以它们为基础和前提进行文化交流,能够多层次地展现中国的形象,传播中国故事。

同时,中华文化元素也是具有普适性和共通性的。和睦、和谐、和平、多元、共荣等是古代丝绸之路文化交流所展现的鲜明特征,也是我们在当前的"一带一路"文化交流中所要致力继承和展现的中华文化元素。"一带一路"沿线各国人民均有对于未来美好生活和福祉的向往和憧憬,这些又同我们一直追求的"中国梦"不谋而合。中华文化元素在世界范围内的传播也是"一带一路"国际合作的重要内容,是与经贸合作同等重要的人文交流的有机组成部分。"一带一路"之下的中外经贸合作,尤其是当中国企业走出国门遭到当地居民的误解,而面临重重阻力之际,迫切感受到减少文化之间的分歧,缩小民族之间的认知鸿沟,降低文明冲突的风险的重要性。加强中华文化元素的宣传、推广工作,能够在短期内,在当地居民中快速高效地树立中国和平大国国际形象,增强对中国的正确认知。用最为凝练、简洁的"象征符号"将中国文化、中国精神、中国风貌集中展现给沿线国家的民众,是促进"民心相通"的基础之一。

因此,在推动"一带一路"沿线国家的合作中,必须以中华文化元素对外传播为主的文化交流为基础与前提,来传播中国声音,讲好中国故事,增进国际社会对中国发展道路和内外政策的理解、认同、支持。进而减少摩擦和阻力,寻求最大公约数,促进"一带一路"沿线各国的共同发展。当今世界,大国之间的文化竞争日益激烈,不同文化之间的交流、交融、交锋也更胜于前,中国文化具有自身独特的优势和发展前景,中华文化元素更是对中国传统文化的凝练表达，更有助于中华文化的传播和对外交流合作。将中华文化元素对外传播作为文化交流的基础与前提，不仅能够展现中国文化的独特优势，还能够坚定我们的文化信念和文化追求，为中华民族的伟大复兴助力加油。

二、文明沟通的桥梁：中华文化元素的对外传播

面对"一带一路"沿线各国复杂的政治经济形势，文化交流无疑提供了一个加深彼此认识、凝聚价值共识的契机。文化交流不仅可以推动各国间经济合作与政治互信，提升贸易质量，同时也能极大地缓解当前日益加剧的"文明冲突"，更好地加强各国各民族自身的文化自觉与文化自信，为"一带一路"的顺利实施创造良好的文化氛围。[①]中华文化元素作为中华文化中具有高度凝练性、典型性、代表性，富有中国风格，蕴含中国精神，包含中国智慧，能够展现中华文化精髓的"象征符号"，能够更加清晰、明确地表明中华文化的内涵。在实际的中外文化交流中，中华文化元素是中华文化的具象化代表，更是对外传播中华文化的重要载体和落脚点，是中华文化同"一带一路"沿线国家进行文化交流、沟通的重要桥梁。

按照文化的分类标准，中华文化元素可以大致分为四个类别：第一，物质文化元素，即一切看得见摸得着的物质产品、劳动创造的生产和生活资料。具体可以分为两大类，分别是名山大川、特有动植物等自然风景资源和中华民族在长期历史发展过程中形成的独具特色的物质财富和制造工艺。后者包括如故宫、长城等优秀历史建筑和兵马俑、龙门石窟等奇特人文景观，四大发明等重大发明创造，龙凤等独特民族图腾以及丝绸、瓷器、功夫等独特制造工艺和民间技艺。第二，制度文化元素，即人们在社会生活中形成的制度、组织人际关系规范等。中国的家族伦理以及伴随着

① 李彤彤."一带一路"中的文化交流研究[D].北京:中国艺术研究院,2016.

家族伦理而衍生的儒家文化制度，宗教制度，礼乐制度，岁时节日以及中国正在探索并前进的特色社会主义道路等均属此列。第三，行为文化元素，即人在劳动和创造中形成的一系列独特的行为方式，如中国独特的制茶工艺、绘画工艺等。第四，精神文化元素，主要体现为中华民族普遍认同的精神意蕴和价值观念，主要有以伟大历史人物命名的各种思想，汉语以及民族重要的创造产物和思想文化艺术成就。

以"和"为例，它属于中华文化中精神文化的范畴，它既来源于中国儒家的"和为贵"思想，又与道家"天人合一"的思想颇有渊源。"和"这一中华文化元素凝练地表达了中国人对于和平共处的向往，以及求同存异的处事态度，已经成为中华民族精神符号之一，"和为贵"也已经融入了中华民族特性之中。同样的，在"一带一路"沿线各国的文化交流中，人们对于异文化最初的印象与记忆也大多集中于某些固定的、被广泛传播的文化元素。这一现实情况，也能够在理论上得到认知理论的印证和支撑。对于某些庞大且复杂的系统性认知对象，观察者的基本认知来自大体印象，而这些大体的印象往往体现为个别的概念，随着个别概念的累积和增加，其结果呈几何性增长，逐渐建构整体且全面的认知印象。而这种整体的认知印象在观察者的认知系统中，往往可以拆分或者解构为若干具有典型性的、关键性的个体概念。上述认知理论和认知规律，在用于其他民族在尝试了解中华文化的情况下也是十分妥帖和恰当的。他们对于中华文化的认知往往也是始于若干具有代表性的关键文化元素，即使在他们对中华文化形成了整体性、全面性认知的情况下，支撑其整体性和全面性认知的通常也是那些具有代表性的关键文化元素。因此，中华文化元素在对外文化交流之中理所应当地成为联通的桥梁。

在具体的文化交流与合作中，中华文化元素体现在"一带一路"的各个领域。既有精神层面的价值观展现，又有器物层面的物质技艺输出。首先是传承自古代丝绸之路精神的"一带一路"建设原则的提出。习近平总书记在博鳌亚洲论坛上曾指出，"一带一路"建设秉持的是共商、共建、共享原则，不是封闭的，而是开放包容的；不是中国一家的独奏，而是沿线国家的合唱。一方面，"一带一路"的方案和举措由中国倡导，但不可能由中国一家包办，很多事要大家商量着一起办理，各施所能，各施所长。"一带一路"沿线合作是普惠的，最终目的是建立一套均衡普惠的全球经贸合作体系，推动区域性贸易投资自由化和便利化。即使中国在某些行业如基建等具有竞争优势，但是并不能因为中国自身在"一带一路"中的倡导角色而大包大揽，而应该依据国际惯例，遵守国际规则与秩序，公开招标，公平竞争。另一方面，"一带一路"追求的是沿线国家之间的协调发展。应该最大限度地挖掘各国的优势和长处，激发潜能，形成差异化的发展格局。在加强区域和国际合作的过程中，也应该求同存异，优势互补。

如"一带一路"对于印度而言，战略对接优于战略对冲，中印在产能合作、基础设施建设，甚至在民用核电建设方面都存在巨大的合作潜力和空间。中印关系发展应坚持"求同存异"，应当明确中印产能合作框架，兼顾双边利益、发挥比较优势，稳妥有序推进交通设施、信息技术、农业产品、珠宝纺织、钢铁有色、能源电力、工程机械等领域的产能合作，深化中印海洋科技领域合作等。①

孔子学院是中外合作建立的中国语言文化海外学习和交流平台，对中外语言相通、文化交流、文明互鉴产生了重要影响。如今，孔子学院的公共外交功能日益增强，促进中外人文交流和经贸合作的助推器作用更加凸显，成为"一带一路"上的服务区和加油站。未来，孔子学院在"一带一路"建设中大有可为，前景广阔。依托语言文化交流职能，孔子学院能为当地提供政策沟通与咨询，对接中外企业和社区相关需求，开展针对交通、通信、经贸、旅游、金融等专业人才的语言培训，促进教育合作和民间文化艺术交流，推动中国和丝路国家的互联互通。"一带一路"倡议中尤其强调共商、共建、共享的中国共识，这也将与孔子学院相辅相成。积

① 万喆."求同存异"切实破解"一带一路"上的"印度困局"[J].金融论坛,2017,22(1):17-23.

极弘扬开放包容、和平合作、互利共赢、互学互鉴的精神，这也因此为中国的孔子学院的未来海外发展提供了新的视野与发展动力。

茶文化作为中国传统器物文化的优秀代表，具有浅显直观、实用性强等优点。"一带一路"沿线各国的茶都是直接或间接来自中国，因此各国人民很自然地就能将茶和中华民族的历史与文化联系起来。加之，饮茶在人们日常生活中占据很大的比重，使得中华茶文化有着较好的受众基础。一种文化在传播过程中势必要同当地的生活习惯相结合，进而更加地本土化、民族化，茶文化也不例外。因此，在"一带一路"沿线各国，出现了同根同源却又不同风俗和内涵的茶文化。在此基础上，形成了良好的交流基础和氛围。同时，从"核心价值"来讲，中华茶文化几千年来融入了以儒、释、道为代表的中华文化精神，是中华文化精神的优秀载体。儒家的道德伦理，佛教的"无一物中无尽藏"的伦理，道家的自然伦理等思想都在不同程度上影响并充实了中华茶文化，构成了中华茶文化的深厚底蕴。①

很显然，"一带一路"文化建设已经成为中国对外文化交流工作的重点。2014年，文化部已经与"一带一路"国内沿线新疆、宁夏、甘肃等有关省区市开展了多渠道、多层次、多形式的交流与合作，举办了一系列以"一带一路"为主题的综合性文化交流活动。不仅成立了协调指导西北五省区文化厅的"丝绸之路经济带西北五省区文化发展战略联盟"，还在陕西西安和福建泉州分别举办了首届"丝绸之路国际艺术节"和"海上丝绸之路国际艺术节"。不仅如此，还积极同沿线国家展开合作，如中国文化部、阿拉伯国家联盟秘书处主办了中阿文化部长论坛，达成两国是建设"一带一路"的天然伙伴关系、中阿共建"一带一路"有坚实的民意基础等共识。

秉承古代"丝绸之路"的精神，"一带一路"建设在新时代架起中外

---

①尹江铖."一带一路"背景下中华茶文化时代价值的实现路径[J].茶叶通讯,2019,46(3):357–358.

合作共赢的金桥，是一次重新出发的经贸联通之旅、文化融通之旅。而合作之旅畅通与否，文化融通处于重要地位。可以说，中华文化元素的对外传播在"一带一路"文化交流之中处于先导地位，我们以中华文化元素为桥梁可以促进沿线文化合作的顺利开展。

三、中华文化元素的对外传播是"一带一路"文化先行的题中应有之义

文化的影响力超越时空，超越国界。"一带一路"倡议构想辐射面广，且沿线民族众多、文化多样、生态独特。陆海两条丝绸之路联结了中亚、东盟，辐射伊斯兰国家和亚太国家。沿线各国分属于伊斯兰教、佛教、基督教等不同宗教文化，同时地缘政治也相当复杂敏感，民族分异明显。加之，"一带一路"沿线国家经济发展不平衡，某些地区社会动荡、民族宗教矛盾突出，种种问题，都给"一带一路"建设的实施带来巨大的挑战。如何能够使当今的"一带一路"继续秉承古代"丝绸之路"的精神成为一个艰巨而复杂的任务。意识形态和政治价值观成为东西文化交流过程中面临的重要障碍，在不均衡的信息秩序下，要想突破"传而不通，通而不受"的国际传播困境，需要从文化层面出发。

古代丝绸之路的开通与发展很大程度上依靠民众之间的商贸往来与互通有无，各民族之间的互利互惠互相信任更是使丝路具有了别样的活力与生机。当今"一带一路"倡议的提出，是以国家层面的合作为主导，政策导向更加明显。"一带一路"要取得像古代"丝绸之路"那样由下而上的内在活力就必须与人民、与民间实现更紧密的联系，同时也必须在文明交流融合中更好地实现不同民族的共存共处。因此，"一带一路"构想的实施必须依靠文化先行。[①]通过"文化先行"的方式加强中国与"丝绸之路"沿线各国在文化信仰和价值理念上的沟通，以文化形象传播和彰显和平友

---

① 汪铮.愿景与行动："一带一路"倡议的多角度解读[M].成都:西南交通大学出版社,2017:95-97.

好的国际形象，对于"一带一路"倡议目标的实现具有不可替代的作用。

在"一带一路"合作中，在保持政策、设施、贸易、金融和民心协调推进的同时，需要保持文化的先行性。中华文化元素的对外传播是"一带一路"文化先行的题中应有之义。

首先，古代丝路推动了我国与沿线国家宗教和思想文化的交流。现代文明条件下，"一带一路"需要更积极地推广和分享我们自身的文化价值观，传播中国文化元素，使中国文化对世界多元文明协同发展做出积极贡献。我国的文化传统始终坚持"己所不欲，勿施于人"，"以礼相待"等为人处世的基本道德原则，因而平等友好、互惠互利是对外交往活动的主旋律。

其次，中国和西方文明的侧重与不同点也更加凸显了传播中华文化元素在"一带一路"文化先行中的重要地位。一种观点认为：西方文化可用"激进性、个体性，开放性和吸收性"这"四性"来概括，而中国文化可用"平衡性、整一性、封闭性和守常性"这"四性"来概括。[①]西方崇拜力量，歌颂强大，中国则追求中庸和平衡。西方追求个性，个人主义盛行，中国则强调整体性和集体主义。从哲学上来看，中国或者东方的文明更注重研究人与人之间的人际关系，对人生经验进行反思，而西方哲学则以研究人对物、人对自然的关系为主。从价值观上看，西方更注重效能与利益，而中国则重义轻利。两者相较，西方更侧重于功利性与实用性。任何行为的出发点与发展的方向更依靠于利益指向，不可否认，这能够迅速推动人类社会的发展和社会的进步，但不可避免地带来种种现代性问题。而东方文明对于人际关系和生命意义的侧重和思考，能够在一定程度上补充和纠正西方现代文明所带来的危机。这也将是中国文化在当下更好地融入世界，并发挥独特影响力的价值所在。

需要说明的是，跟西方的文化霸权不同，传播中华文化元素并不是要搞文化殖民主义。中华古代文化中也是精华与糟粕并存。中国的现代化道

[①] 李道中.建设有中国特色社会主义的文化[M].青岛:青岛出版社,1993:116.

路本来就是一条"中国特色社会主义道路"，吸收了古今中外一切优秀文明成果。这就意味着，"一带一路"倡议实质上是中华文化元素中的优秀积极成分与沿线国家和地区文化元素的融合成长。

再次，正如有关学者所指出，"'一带一路'建设需弘扬睦邻友好的合作精神，在教育、文化、旅游等领域深入开展人文合作，以文化交流推动包容开放理念的形成和扩散，促进文化交融，促成文化认同感，为深化沿线国家合作提供内在动力。"[①]"一带一路"所致力于构建的互联互通体系中，政策、设施等诸多要素处于同等重要、缺一不可的地位。之所以强调文化交流的先行性，在于无论是开展经贸合作、构建政治互信，还是建设基础设施、推动金融融合等，其前提在于双方之间文化上的认可、尊重。文化既是一个国家的内在灵魂，同时又是一个国家的外在标签。而文化的标签作用主要体现在若干具有代表性、典型性的文化元素。如作为中华民族标签的"龙的传人""礼仪之邦"等。

如果说，在"一带一路"国际合作中，应保持文化交流的先行性，那么，中华文化元素的对外传播在中外文化交流中同样处于先行地位。按照人的认知规律与记忆机制，记忆最为深刻的肯定是最具特点，能够集中体现事物全貌的核心点和关键点。在非洲一些国家，这样的文化元素通常以图腾效应的形式表现出来。博大精深的中华文化，对于异域"观众"而言，有应接不暇、丈二和尚摸不着头脑之感。而熊猫、长城、故宫、功夫等独具中国特色的文化符号，对其则是耳熟能详。由此可见，在中外文化交流中，应首先重视中华文化元素的对外传播，善用中国智慧，讲好中国故事，筑牢民意基础。在中非合作上这一点有着较为明显的体现。鉴于中非文明类型上的差异，对于非洲而言，中华文化是"异质性"色彩较浓的外来文化，其排斥与抗拒心理较强。而正是立足于具有高度凝练性、典型性、代表性的中华文化元素，中华文化中精华与优良成分的价值才能得到非洲人民的欣赏、认可，进而促使民心相通。

---

① 王战,黄仁伟,乔兆红.中国学(第7辑)[M].上海:上海人民出版社,2017:7.

最后，古丝绸之路是两千多年前汉武帝派张骞出使西域时开辟的，随着历史的变迁，它演变成一条越走越远的商路，继而成为连接亚非欧的经济文化交往之路。"一带一路"这一借用历史符号提出的宏大倡议，能否得到沿线国家的认同，取决于沿线国家对当代中国的了解和认同，取决于我们能否讲好中国故事，传播好中国声音，宣传好当代中国的立场、观点、政策主张。而所有这些宣传同样需要中华文化元素的加持。"一带一路"建设是要努力打造利益共同体、责任共同体、命运共同体，坚持"共商、共建、共享"原则，以政策沟通、设施联通、贸易畅通、资金融通、民心相通这"五通"为主要内容，使沿线国家能够和平发展、和谐合作、互利共赢。共建"一带一路"，必须本着中华文化元素中"亲诚惠容"的精神，坚持文化先行。中华文化元素作为"一带一路"文化先行的题中应有之义，它的广泛传播，有利于加深沿线国家之间的相互沟通，增进彼此之间的友谊。同时不同中华文化元素的展现也能够使沿线国家更深入地了解当代的中国，并建立和巩固沿线国家同中国的友好关系。再者，随着中华文化元素的传播，能够全方位、多层次地展示中国的崭新形象，诠释"一带一路"的精神。

"亲诚惠容"四字箴言，是以习近平同志为核心的党中央同周边国家关系新发展提出的重要理念，闪烁着中国传统文化智慧的光芒，更是中华文化元素的重要代表。"亲"，指亲切、亲近、亲和，"一带一路"沿线合作中要时刻注重亲和，平等地对待每一位合作伙伴，而非居高临下的俯视。"一带一路"沿线国家同中国的友谊千百年来延绵不绝，人文相亲，在当前的政治经济发展之下，更应该守望相助，睦邻友好。"诚"，即诚信，"一带一路"的合作涉及政治经济文化等多领域，只有诚信为本，才能赢得信任和尊重。同时，不分强弱、贫富、远近，诚心对待"一带一路"沿线国家，建立伙伴关系，共同发展。"惠"，就是互惠，在双边乃至多边的合作交流之中，合作共赢。先义后利、重义轻利是典型的中华传统文化精神元素，也是中国人千百年来一以贯之的道德准则和行为规范，在

"一带一路"沿线的合作之中，我们应该秉着互惠互利的原则同周边国家展开合作，寻求共同利益。"容"，就是要包容，理解，尊重差异。"君子和而不同"，"海纳百川，有容乃大"，中国一向主张兼容并蓄，求同存异。在"一带一路"沿线合作中，更应该以包容的心态和开放的胸襟去应对合作中可能面对的分歧。在不损害我国根本利益的前提下，尽量理解和包容别国的文化、历史、风俗和宗教信仰，以及满足别人的利益诉求。

总之，中华文化元素的对外传播是"一带一路"文化先行的题中应有之义。它将使世界更好地认识中国、理解中国，更好地与中国建立友谊。只有做到"亲诚惠容"，才能和"一带一路"沿线国家互利共赢。而所有这一切，必须文化先行，因为"亲"是一种文化的情感，"诚"是一种文化的品德，"惠"是一种文化的实践成果，"容"是一种文化的心胸。只要做到"亲诚惠容"，我们的"一带一路"倡议就能深得人心、广受欢迎，不断扩大影响，不断取得实效，不断结出丰盛的硕果。

四、中外文化交流打造的"民心工程"是"一带一路"倡议的"软支撑"

文化就像一个绵延不断的河流，源头来自远古，又由许多支流、干流汇合而成。文化的融合性和延续性，决定了文化交流的可能性。各国间的文化发展，既需要经贸合作的"硬"支撑，也离不开文化交流的"软"助力。可以说，"一带一路"可以进一步深化与沿线国家的文化交流与贸易往来，促进区域合作，实现长远发展，促进不同文明的共同发展共同繁荣，为各国间的文化交流提供一个广阔的舞台，对于中华文化的繁盛崛起、自信自强和"走出去"具有重要的意义和作用。[1]习近平总书记指出："中国提出建设丝绸之路经济带和21世纪海上丝绸之路倡议，是在新形势下扩大全方位开放的重要举措，也是要致力于使更多国家共享发展机遇和

---

① 汪铮.愿景与行动："一带一路"倡议的多角度解读[M].成都：西南交通大学出版社,2017:97.

成果。我们希望同'一带一路'沿线国家加强合作，实现道路联通、贸易畅通、资金融通、政策沟通、民心相通，共同打造开放合作平台，为地区可持续发展提供新动力。"

国之交在于民相亲，民相亲在于心相通。人是有思想、有感情的，作为历史主体的人类行为，是其理念、意志、思想和情感的产物。要统一人类的行为，就必须首先统一思想、统一认识，否则就不会有统一的追求、统一的目标，也就不可能有统一的行动。"一带一路"沿线跨度大、地域广、人口多、文化差异大，多民族、多宗教集聚，政治立场、利益诉求、行为模式都存在差别，这就决定着在"一带一路"倡议实施过程中，与技术、设施、规划等因素相比，思想、认识是最为困难的，最大的挑战来自民心工程的建设。而实现民心相通，首要而有效的手段就是文化传播与交流合作。文化的涵化、聚化、内化和转化功能，使之对内可以增强国家的凝聚力、向心力，从而汇聚共识、积聚力量，对外可以塑造国家形象，提高我国在国际社会的影响力和亲和力。

不同文明之间的交流互鉴，是当今世界文化发展繁荣的主要渠道，也是世界文明日益多元，相互包容的时代标签。"一带一路"沿线各国历史文化宗教不同，只有通过交流和合作，才能让各国人民产生共同语言，增强相互信任，加深彼此感情。①据文化部资料显示，这些年来，中国与沿线沿途国家的文化交流形式越来越新，内容越来越多，规模越来越大，影响越来越广。比如：中国与沿线大部分国家签署了政府间文化交流合作协定及执行计划，民间交流频繁，合作内容丰富，与不少沿线国家都互办过文化年、艺术节、电影周和旅游推介活动等。近几年还在不同国家多次举办了以"丝绸之路"为主题的文化交流与合作项目。"观乎人文，以化成天下"，文化是柔性概念，能够真正实现不同民族之间内在的融合，促进不同语言不同宗教背景民众间的交流与互信。可以说，"民心相通"是"一带一路"建设的"社会根基"。

---

① 徐照林，王竞楠."一带一路"建设与全球贸易、文化交流[M].南京：东南大学出版社，2016：130.

文化交流是民心工程，是未来工程。"惟以心相交，方成其久远"。民心相通是"一带一路"建设的重要内容，也是"一带一路"建设的人文基础。要坚持经济合作和人文交流共同推进，注重在人文领域精耕细作，尊重各国人民文化历史、风俗习惯，加强同沿线国家人民的友好往来，为"一带一路"建设打下广泛的社会基础。"民心相通"既是文化交流的前提，也是文明交流的目的。塞缪尔·亨廷顿曾有言：在不同的文明间，尊重和承认相互的界限同样非常重要。①事实证明，文化所产生的影响力超越时间与空间，跨越了国界种族的差别。"一带一路"建设能否顺利推进，从根本上取决于我们能否跨越种族、宗教、文化的藩篱，成功搭建一条民心相通的友谊之桥，广泛织就一张覆盖沿线国家民众的交流网络，有力支撑起"一带一路"的区域合作架构。②

"一带一路"能否成功，从根本上取决于民心是否相通，直接体现在沿线人民的获得感、认同感和参与度上。民心相通涵盖科技创新、媒体合作、人才交流、环境保护等多个领域，它不仅仅意味着中外人民在上述多个领域上的接触，还意味着中外人民通过这些了解和接触增进彼此间的友谊和信任。中华文化元素的对外传播则是整个民心工程的"传送带"，联结沟通"民心工程"的各个环节。沿线各国要传承和弘扬丝绸之路的友好合作精神，广泛开展文化交流、学术交流、人才往来、科技合作等，增进相互了解和传统友谊，为深化双边和多边合作奠定坚实的民意基础，这些内容都离不开中华文化元素的参与。

以妈祖文化为例，发轫于福建的妈祖文化已成为具备世界影响力的文化符号。妈祖文化以其广袤的覆盖范围、丰富的文化内涵、深厚的文化底蕴，成为海洋文化重要组成部分。海上丝绸之路沿线国家与地区是妈祖文化传播的重要区域，妈祖文化不仅是中华民族文化自信的体现，也是中西文化交流的重要纽带，随着时代的进步不断演进、创新。

---

① [美]塞缪尔·亨廷顿.文明的冲突(修订版)[M].周琪,等译.北京:新华出版社,2018:17.

② 李仁真.推进"一带一路"应重视民心工程建设[J].世纪行,2016(3):18.

妈祖文化与海上丝绸之路拓展轨迹有着惊人的相似性。它不仅成为海洋文明的重要组成部分，也是促进海上丝绸之路沿岸国家文化融合、族群互信的重要因素，在新时代焕发出愈发灿烂的光彩。妈祖文化圈的形成与扩大逐渐成为中华文化海外传播的重要方式。妈祖文化传播依赖于群体传播模式向海外扩展。世界各地信众纷纷建造天妃庙以示对妈祖的尊崇。国外妈祖庙宇较密集的国家和地区是日本、新加坡、马来西亚，其他分布于美国、印尼、菲律宾、泰国、越南、缅甸、朝鲜、挪威、丹麦、加拿大、墨西哥、巴西、新西兰及非洲等地。仅新加坡一地，便建有多处妈祖庙。其他如1826年潮州移民建粤海青庙；1839年，福建移民建天福宫；1857年海南移民建天后宫。越南的妈祖庙则往往与当地会馆融为一体，并在其中多设妈祖祭坛。可见，妈祖庙不仅成为不同祖籍移民的议事场所，还成为海外移民的精神支柱之一，是其与原乡进行心灵沟通的纽带。

中国传统文化借助妈祖信俗这一中华文化元素远播海外，促进各种文化的大力发展。妈祖文化作为文化交流的先锋，在促进经济文化协调发展和区域经济深度合作方面发挥着重要作用。由妈祖文化搭台，在基础设施、产业对接、海洋经济、投资贸易等领域与海上丝绸之路沿线国家和地区展开合作，可以充分发挥海上丝绸之路沿线国家和地区民众的凝聚力和创造力。妈祖文化依托其在庙宇建设、习俗演替、经济往来等方面的多重作用，已成为各地间文化交流的重要媒介。近年来，各妈祖文化机构积极将自身资源与文创产业相结合，通过现代化的传播媒介，向各地传递和谐理念并扩大其影响力。同时，多元化的诠释路径又反过来进一步丰富妈祖文化体系的相关内涵，这种双向的良性互动模式为妈祖文化的长续长新提供了坚实的保障。

作为"一带一路"国际合作的重要组成部分，近年来，中非合作进展迅速，取得一个个里程碑式的突破；同时，这也是"一带一路"持续深入发展的具体体现。尤其是在部分西方媒体不怀善意的非议和质疑"一带一路"倡议的情况下，对于其他区域如亚欧大陆的"一带一路"建设产生了积极影响。中非合作能够取得长足的进展，主要还是依靠"一带一路"中的"民心工程"。

推动构建人类命运共同体和推动构建新型国际关系都与中国对非外交及中非关系的发展密切相关。第一个"构建"要求我们必须高举和平、发展、合作、共赢的旗帜，在和平共处五项原则基础上发展同各国的友好合作，推动建设以相互尊重、公平正义、合作共赢为时代特征的新型国际关系。第二个"构建"则需以维护世界和平、促进共同发展作为中国的外交政策宗旨，同世界各国同心协力构建"人类命运共同体"，努力建设一个持久和平、普遍安全、共同繁荣、开放包容、清洁美丽的世界。中非关系在过去十多年的快速发展过程中出现了一些问题与挑战。原有既得利益者不甘心自身在非洲影响力的下降而对中非合作中出现的问题用"放大镜"和"聚光灯"进行观察，并进行以偏概全式的报道。因此，为回击这些对中非关系的不实报道，规范和引导中资企业在非洲的发展合作，并为未来中非关系的发展确定理念和原则，使中非关系的发展与新时代中国特色大国外交的实践同步发展，习近平主席适时提出了"真、实、亲、诚"理念、坚持正确义利观以及共同构建"中非命运共同体"的理念与目标，很大程度上缓解了非洲国家的疑虑，并进一步加深了彼此的了解。[①]

"一带一路"倡议提出以来，文化作为"民心相通"的先行力量，为"一带一路"建设夯实了民意基础、社会基础。《关于加强"一带一路"软力量建设的指导意见》指出，要加强理论研究和话语体系建设，推进舆论宣传和舆论引导工作，加强国际传播能力建设，为"一带一路"建设提供有力的理论支撑、舆论支持、文化条件。讲好中国故事，传播好中国声音，提高中国文化影响力，是当前推进共建"一带一路"向高质量发展转变的重要软力量。[②]"一带一路"的逻辑，可以概括为三个字，即"通""融""荣"。"通"是前提、条件。"通"突出经济层面的合作共赢，包容

①　贺文萍."中非命运共同体"与中国特色大国外交[J].国际展望,2018(4):3.

②　刘兰兰."一带一路"倡议下中国文化网络传播机制构建[J].中州学刊,2019(3):169.

性全球化、世界经济再平衡、共同现代化、供给侧结构性改革、产能合作等是关键要素。"融"是路径、方式。"融"侧重文明层面的文明互鉴，通心工程、人文格局、文化条件、重义轻利等是关键要素。"融"展现"一带一路"的精神实质，凸显"一带一路"不仅要提供经济红利，更要创造国际社会良好的人文生态。"荣"是目的宗旨。"荣"突出道义层面的共同繁荣。同呼吸、共命运、休戚与共、携手同行、利益交融、共享机遇、共同发展等是关键要素。"通"有形可见，易于感知与衡量，相比之下，以"民心""人心"为发力重点的"融"则无形不可见，但影响恰恰是最根本深远的。在"融"的过程中，需要强调"一带一路"是通心工程，要打造一个相互欣赏、相互理解、相互尊重的人文格局。"融"强调开放性聚合，而不是生硬地追求趋同、排他性或搞小圈子。"融"追求亲近，不是西方话语所恪守的等级分明的"门槛"或非此即彼的"同化"，更不是"大鱼吃小鱼"的"征服"，而是要"各美其美、美人之美、美美与共、天下大同"。[①]文化的差异性与共生性是同时存在的，共生性是弥合差异性的基础，差异性又形成了进一步沟通交流的动力，并在相互碰撞中互相借鉴与补充——不是在碰撞中使一种文化消失，而是在碰撞中共同成长。人类文明因多样才有传播与交流合作的价值，因包容才有交流互鉴的动力。多样带来交流，交流孕育融合，融合产生进步。

总之，文化交流是一个着眼于未来的民心工程，在未来的世界扮演了极为关键的角色。中国在建设"一带一路"的过程当中，需要积极发挥作为交流渠道的文化的主导影响力，逐步加强各国、各民族、各领域间的交流与合作，致力于与"一带一路"沿线国家展开全方位的切实合作。

---

① 赵磊."一带一路"的逻辑和魅力[J].新湘评论,2017(12):39.

第二节　中华文化元素对外传播在"一带一路"国际合作中的建设性作用

建设"一带一路"是党中央提出的实现中华民族伟大复兴中国梦、协调推进"四个全面"战略布局的重要举措。习近平总书记强调："中国提出'一带一路'倡议，就是要以加强传统陆海丝绸之路沿线国家互联互通，实现经济共荣、贸易互补、民心相通。""一带一路"不只是一个空间概念和经济合作战略，它更是一个建立在历史文化概念影响基础之上的文化影响力范畴，是用文化将历史、现实与未来连接在一起而成为中国面向全球化的战略架构。因此，文化先行的优势可以推动我国与沿线各国的全方位、多领域的交流与合作。

一、中华文化对外传播是"一带一路"互联互通的"润滑剂"与"催化剂"

"一带一路"是我国提出的倡议和国际合作公共产品，既面临着全方位开放机遇、周边外交机遇、地区合作机遇，也面临着地缘风险、安全风险、经济风险、法律风险，既要依托现有的体制性合作以及未来可能发展出的新的机制性合作，同时也要依赖和借助众多非机制性的交流传播。这就不仅需要文化"软实力""巧实力"，而且需要在文化传播与交流中以"尊重差异、包容多样、互鉴共荣"的原则对待人类文化，通过跨文化传播与交流把文化的差异性当作互鉴共荣的资源，并使之成为政治、经贸、军事、社会等各领域交流与合作的"润滑剂""催化剂"。可见，"一带一路"文化先行，不仅是对古丝绸之路精神的继承与发扬，更重要的是通过文化交流传播增强"一带一路"倡议的吸引力，从而促进各领域的合作共赢、互利共荣。

习近平总书记在第二届"一带一路"国际合作高峰论坛上的主旨演讲中指出,共建"一带一路"倡议,目的是聚焦互联互通,深化务实合作,携手应对人类面临的各种风险挑战,实现互利互赢、共同发展。铁路、公路、港口、码头、油气管道与工业园地是建构"一带一路"互联互通体系的物质基础与硬支撑。但是,近年来,不少大型项目的落地、开展与后续推动在部分国家遭到了不少阻力,不得不暂时中止。有助于推动当地经济发展、提高当地居民生活的基础设施竟然遭到当地居民的阻碍,这一现象值得引起深思。除了经济利益的冲突与纠葛之外,双方之间的文化隔阂,尤其是对"以和为贵""睦邻友好"的中华传统文化元素的认识缺位,导致了对"一带一路"倡议的不理解与不信任。"以和为贵""睦邻友好"的理念是我们国际交往的基本准则,可谓是我国外交的"标签"。但是由于国外部分媒体的误读误解与恶意歪曲,使得沿线诸多国家与民众戴上有色眼镜来看待"一带一路"倡议。在遭遇上述"硬阻力"时,切不可硬碰硬,强力推动往往适得其反,用文化来化解彼此之间的误解、隔阂,虽然周期较长,但是其作用潜移默化,更为持久,更为深远。对中华文化的正确认知、对中华文化爱好和平精神的认同与信任,将大力助推"一带一路"倡议诸多项目的落地生根,化解诸多具有长期性的文化、制度障碍。沿线国家与地区民众对于中华传统文化元素的理解与认可,对于互联互通体系的建构在一定程度上能够起到"润滑剂"和"催化剂"的作用。一方面,通过"润滑剂"能够减少彼此之间的摩擦;另一方面,通过"催化剂",能够为彼此之间的合作带来一些意想不到的"化学效应",发挥乘数叠加的效果。

二、有助于中国与沿线各国求同存异、合作共赢

"亲诚惠容"四字是我国周边外交方针的理念之一。在此处,同样可

以将中华文化元素对外传播的策略浓缩、概括为"亲""诚""惠""容"四字方针。所谓"亲"即指用具有亲切感的话语塑造富有亲和力的形象。"诚"包括两层意蕴，一是指在彼此文化交流上以诚相待，二是指展现诚信立身的文化传统，进而筑牢彼此文化互信的基础。"惠"即指将互惠互利的合作原则贯彻到中华文化元素的对外传播工作中。"容"即指用求同存异的态度来对待不同文化的文明与文化，尊重其差异性与主体性。中非合作论坛北京峰会的召开，为中非合作指明了新的方向。峰会上中方提出的一系列主张、政策以及行动纲领，同样适用于"一带一路"国际合作。尤其是关于文化共性命运共同体的倡议，以及实施人文交流行动纲领的提出，对于中华文化元素的对外传播策略的制定具有一定的启发意义。同时，中非在人文领域合作中所取得的成果及其经验，对于中华文化元素对外策略的制定颇具借鉴价值。

中华文化元素的传播有助于塑造富有亲和力的国际形象。在中外文化交流过程中，历来重视强调中华文化本身的特质，大力凸显中华文化的中国特色、中国风格、中国气派。但是对于中华文化与其他文化类型之间的差异性的过度彰显，也带来了彼此文化之间的陌生感和隔阂。因此，推动中华文化元素的对外传播，应该转换认知，重视中华文化与其他文化类型之间的共通性。由单独强调差异性，转变为对差异性与共通性的双重重视。在此认知转换视野下，其传播策略也随之改变。在中华文化元素对外传播的过程中，应通过富有亲切感的话语塑造富有亲和力的国家形象、民族形象、文化形象。对亲切感的强调，要求我们善于、巧于发掘和利用中华特质的文化元素中具有人类共通性的基因，达成彼此文化元素认同上的最大公约数。人类共通性的基因主要包括对真、善、美的追求，对公平、正义的向往，对幸福生活的渴望。中华文化元素中孕育了上述理念，并且历史悠久。

打好"亲"字牌，善于利用共通性，认清各方的"血缘关系"，着力点在于寻找受到各方认可的文化元素，培养认同感。就宗教信仰而言，共同的宗教信仰，可以弥合不同生活风俗、政治追求的民族与国家之间的裂痕。2018年中非合作论坛北京峰会的顺利召开，正是得益于"亲"字牌发挥的亲善作用。中非之间的友谊已经上升到亲如一家的兄弟关系，无论在什么场合，中国一直坚持中非之间是好朋友、好伙伴、好兄弟，并亲切地称他们为非洲兄弟。而非洲人民也视中国为和平友善的国家。中非人民之间的深厚友谊根植于在过去艰难岁月中的"同心同向""守望相助"。这一切都得益于"中国始终秉持真实亲诚理念""同非洲各国团结一心、同舟共济、携手前进"。中非之间亲善友谊所开出的一朵朵合作之花，无一不提示我们，中华文化元素的对外传播，同样可以采取相同的策略：塑造富有亲和力的国际形象，打好"亲"字牌。

中华文化元素的对外传播有助于筑牢文化互信的基础。"一带一路"沿线国家民众的信任与认可，是中华文化元素对外传播持久进行的有力支撑。当今中国的国土面积、综合国力所展现出来的大国形象，在客观上为部分沿线国家带来了一定程度的担忧。因此，在推动中华文化元素对外传播的过程中，消除沿线国家的顾虑与担忧，重在以诚相交，筑牢文化互信的基础。在国家的对外交往中，政治互信处于基础地位，而文化互信则是更为深厚的信任。文化互信的构建不是一句空话，首先，需要基于平等的地位，承认别国的文化传统对于他国民众与本国文化传统对于本国民众的意义与价值是同等重要的。因此，"策略上必须考虑所在国家或地区的地域特征、政治环境、民族特点、宗教意识、风俗人情、生活方式、利益诉求、接受水平"[1]。基于上述认识与态度，在进行文化元素的对外传播中才能避免受到"文化殖民""文化侵略"等别有用心的指责与污蔑。其次，要想取得别国的信任，更需要自身打造诚信的信誉。文化元素的对外传播，并非简单的单方行为，而是积极主动地推动双方后续的平等合作。因此，必须清醒认识平等互利的文化交往与单方面的意识形态宣传之间的区别，避免传播行为转变为具有意识形态色彩的宣传工作。

---

[1] 丁立磊."一带一路"为传统文化"走出去"铺路搭桥[J].人民论坛,2017(18):132-133.

　　文化互信既是中华文化元素对外传播的策略，同时又是应遵循的基本原则与前提。作为原则，其应贯彻到对外传播的一切环节与各个方面。同时，要加强既有的政治互信，在中外交往中，文化与政治互信之间必须紧密相互配合。中非人文合作在文化互信与政治互信相互配合的贯彻与实施中具有典范意义。在中非经贸与人文合作领域中，面临着各自不同的障碍与困难。在经贸合作中，公铁等交通设施、水电等民用设施以及各类经济园区所遇到的阻碍与困难，可以在彼此经贸合作的推进过程中，用经济手段与方式加以解决。而在人文合作中遇到的阻力，更多地来自文化与精神层面。这种文化与精神层面的阻碍性因素，形成于其民族文化传统之中。面对同一问题，近代西方殖民者主要采取的是文化霸权主义政策，当然这一政策招致更大的阻力，激起民族主义情绪，最终还以武力反抗。为此，任何尝试改造非洲各民族文化、颠覆其传统的企图都是不可取的，也是不切实际的。因此，面对中非人文合作中精神层面的障碍性因素，相比于智慧而言，我们更需要的是文化互信，尤其是使非洲人民确信，我们一以贯之的以和为贵的品质。使非洲人民确信，中非之间的人文合作项目的前提在于中国尊重非洲文化的主体地位、尊重其独立性。在外界部分媒体关于孔子学院等人文项目意在进行意识形态的宣传与文化侵略的舆论层出不穷的情况下，正是彼此之间的文化互信，使得双方的众多人文项目毫不动摇地继续开展。

　　中华文化元素的传播有助于"一带一路"沿线国家的互惠互利和合作共赢。互惠互利、合作共赢，一直是"一带一路"倡议所致力于追求的目标与秉承的基本原则，这同时也是中华文化元素对外传播应采取的策略。中华文化元素的对外传播，其首位目的自然是展示我国传统文化的优势一面，从而让他国民众从内心上能够认识到中国传统文化所表现出来的正向价值和积极内涵，进而才能够从内心上主动去接受中国传统文化。[1]但是考虑到不同国家文化传统与历史背景的差异性，需要避免过度强调本国文

---

①　林跃勤."一带一路"构想的挑战与应对[J].湖南财政经济学院学报，2015(2)：5-17.

化的优越性，忽略其他国家民族文化的价值与意义。尤其是在以文化企业为主体的国外发展过程中，需要充分尊重和保障其他国家的利益。正是得益于坚持互惠互利的原则，即使在全球保护主义与单边主义逐渐抬头的局势下，中非之间的友谊一如既往的坚固，中非合作取得一个个突破性进展。中国提出的"多予少取、先予后取、只予不取"主张，体现了中国素来秉持着正确的义利观。

中华文化元素的传播有助于"一带一路"沿线各国相互包容，相互理解，求同存异。习近平总书记在第二届"一带一路"国际合作高峰论坛上指出，我们要积极架设不同文明互学互鉴的桥梁，深入开展教育、科学、文化、体育、旅游、卫生、考古等各领域人文合作，加强议会、政党、民间组织往来，密切妇女、青年、残疾人等群体交流，形成多元互动的人文交流格局。由于"一带一路"沿线国家文化、宗教、地理等方面的多样性与差异性，以及文化交流与传播的多维性与复杂性，在推动中华文化元素对外传播的过程中，应该坚持"倡导不能对文化价值观进行排序或差别对待；要大力弘扬中国优秀传统文化，同时承认各国文化的独特性与共通性，诚心实意地汲取沿线国家文化中的优秀内涵"。[1]

在西方话语权掌控世界、西方文化流行于全球各地的时期，西方文化强国采取文化霸权主义的态度，排斥、抵制弱小民族文化，挤压其在世界舞台上的话语权与生存空间。事实已经证明，霸权主义的文化扩张必然要遭到抵制与反对。有鉴于此，中华文化元素的对外传播的策略应采取开放包容的心态，尊重沿线各国国情的差异性，尊重其文化的主体地位。求同存异，尊重文化的多样性，尊重文明的差异性，不仅是中外文化元素对外传播中需要采取的策略，同时也是对外邦交中应持有的基本态度。这一基本态度的最新表述体现在中非合作论坛上中方提出的"五不"原则，即：不干预非洲国家探索符合国情的发展道路，不干涉非洲内政，不把自己的意志强加于人，不在对非援助中附加任何政治条件，不在对非投资融资中

---

① 顾华详.论比较法学研究与"一带一路"国际法治[J].湖南财政经济学院学报,2019(5):44-61.

谋取政治私利。中非之间远隔重洋，文化迥异，但彼此之间却能携手合作，正是得益于中国素来尊重非洲不同国家文化的主体性，秉持平等原则，坚持求同存异态度。中华文化元素的对外传播作为文化沟通工程，求同存异是其必选策略之一。

三、有助于维护世界文明的多样性

"物之不齐，物之情也。"和而不同是一切事物发生发展的规律。中华文化元素中的求同存异可以维护各国各民族文明多样性，助力加强相互交流、相互学习、相互借鉴，使世界文明之园万紫千红、生机盎然。和而不同的传统理念要求我们要理性处理本国文明与其他文明的差异，认识到每一个国家和民族的文明都是独特的，坚持求同存异、取长补短，不攻击、不贬损其他文明。相反，应当尊重各国各民族文明。不同国家、民族的思想文化各有千秋，只有姹紫嫣红之别，而无高低优劣之分。每个国家、每个民族不分强弱、不分大小，其思想文化都应该得到承认和尊重。百花齐放，百家争鸣的文化理念，可以促进各国各民族之间的学习互鉴，也有助于增强本国本民族思想文化自尊、自信、自立。丝绸之路的开辟，遣隋遣唐使大批来华，法显、玄奘西行取经，郑和七下远洋等，都是中外文明交流互鉴的生动事例。儒学本是中国的学问，但也早已走向世界，成为人类文明的一部分。

"独学而无友，则孤陋而寡闻。"对人类社会创造的各种文明，无论是古代的中华文明、希腊文明、罗马文明、埃及文明、两河文明、印度文明等，还是现在的亚洲文明、非洲文明、欧洲文明、美洲文明、大洋洲文明等，我们都应该采取学习借鉴的态度，都应该积极吸纳其中的有益成分，使人类创造的一切文明中的优秀文化基因与当代文化相适应、与现代社会相协调，把跨越时空、超越国度、富有永恒魅力、具有当代价值的优秀文化精神弘扬起来。进行相互学习借鉴，要坚持从本国本民族实际出发，坚持取长补短、择善而从，讲求兼收并蓄，但兼收并蓄不是囫囵吞枣、莫衷一是，而是要去粗取精、去伪存真。

总之，作为国际文化交流工作之一的中华文化元素对外传播，在人文与经贸并重的"一带一路"合作中具有其独特的价值与作用。中华文化元素作为中华文化的代表，在对外传播的过程中具有较高的灵活性与可塑性。针对不同国家的传播受众，在保持中国特色的同时，可以较为灵活地进行适当、合理的塑造与裁减。以儒家文明为核心的中国传统文化，其精神内涵与意蕴，诸如"仁""礼""和"等概念均较为简洁凝练，这恰恰与中华文化元素的对外传播相一致。中华文化元素的对外传播主要内容与对象之一，就是努力将上述"仁""礼""和"等文化精神观念推出世界，得到更多世界民众的欣赏、认可，为"一带一路"深化合作贡献中国智慧。这也是推动"一带一路"沿线国家民心相通的基础工程之一。

主要参考文献

著作类

陈炎.海上丝绸之路中外文化交流[M].北京:北京大学出版社,1996.

吴征.中国的大国地位与国际传播倡议[M].北京:长征出版社,2001.

孔正焉.WTO与中国文化产工业政策[M].北京:中央党校出版社,2001.

蔡帼芬.国际传播与媒体研究[M].北京:北京广播学院出版社,2002.

王忠尧.中国文化产业与管理[M.北京:中国书店,2002.

郭可.当代对外传播[M].上海:复旦大学出版社,2003.

顾潜.中西方新闻传播:冲突·交融·共存[M].上海:复旦大学出版社,2003.

陈卞知.跨文化传播研究[M].北京:中国传媒大学出版社,2004.

张桂珍.中国对外传播[M].北京:中国传媒大学出版社,2005.

张昆.国家形象传播[M].上海:复旦大学出版社,2005.

李怀亮.当代国际文化贸易与文化竞争[M].广州:广东人民出版社,2005.

刘吉发,岳红记,陈怀平.文化产业学[M].北京:经济管理出版社,2005.

叶取源,王永章,陈昕.中国文化产业评论[M].上海:上海人民出版社,2005.

花建,巫志南,郭洁敏,等.文化产业竞争力[M].广州:广东人民出版社,2005.

张宇丹,单晓红.营销传播:策略与经营[M].昆明:云南大学出版社,2006.

熊澄宇,等.文化产业研究战略与对策[M].北京.清华大学出版社,2006.

胡惠林.文化产业学:现代文化产业理论与政策[M].上海:上海文艺出版社,2006.

罗能生.全球化、国际贸易与文化互动[M].北京:中国经济出版社,2006.

张晓明,胡惠林,章建刚.文化蓝皮书2007:中国文化产业发展报告[M].北京:社会科学文献出版社.2007.

李怀亮,阎玉刚,罗兵,等.国际文化贸易教程[M].北京:中国人民大学出版社,2007.

傅勇.非传统安全与中国[M].上海:上海人民出版社,2007.

王万举.文化产业创意学[M].北京:文化艺术出版社,2008.

云德.全球化语境中的文化选择[M].北京:人民文学出版社,2008.

吴汉东.知识产权多维度解读[M].北京:北京大学出版社,2008.

李嘉珊.国际文化贸易研究[M].北京:中国金融出版社,2008.

沈洪波.全球化与国家文化安全[M].济南:山东大学出版社,2009.

孙玉琴.中国对外贸易史[M].北京:清华大学出版社,2009.

陆扬.大众文化理论[M].上海:复旦大学出版社,2009.

冯梅.中国文化创意产业发展问题研究[M].北京:经济科学出版社,2009.

吴瑛.文化对外传播:理论与挑战[M].上海:上海交通大学出版社,2009.

王桂兰,等.文化软实力的维度[M].郑州:河南人民出版社,2010.

张维为.中国震撼:一个"文明型国家"的崛起[M].上海:上海人民出版社,2011.

曼昆.经济学原理[M].梁小民,译.北京:北京大学出版社,2010.

许倬云.中国文化与世界文化[M].广西:广西师范大学出版社,2010.

王景川,胡开忠.知识产权制度现代化问题研究[M].北京:北京大学出版社,2010.

张勤,朱雪忠.知识产权制度战略化问题研究[M].北京:北京大学出版社,2010.

施旭.文化话语研究:探索中国的理论、方法与问题[M].北京:北京大学出版社,2010.

包晓光,徐海龙.中国当代文化产业导论[M].北京:北京大学出版社,2010.

邓安球.文化产业发展研究[M].北京:中国社会科学出版社,2010.

李思屈,李涛.文化产业概论[M].杭州:浙江大学出版社,2010

张国祚.中国文化软实力研究报告[M].北京:社会科学文献出版社,2011.

张晓明.2011年中国文化产业发展报告[M].北京:社会科学文献出版社,2011.

龚缨晏.20世纪中国"海上丝绸之路"研究集萃[M].杭州:浙江大学出版社,2011.

孟凡人.丝绸之路史话[M].北京:社会科学文献社,2011.

刘建华.民族文化传媒化[M].昆明:云南大学出版社,2011.

钱穆.中国文化精神[M].北京:九州出版社,2012.

孙连才.文化产业教程[M].北京:中国传媒大学出版社,2012.

韩英,付晓青.文化产业概论[M].福州:福建人民出版社,2012.

费孝通.中国文化的重建[M].上海:华东师范大学出版社,2013.

赵有广.文化产品生产方式创新研究:基于中国文化产品对外贸易[M].

北京:经济科学出版社,2013.

洪晓楠.提高国家文化软实力的哲学研究[M].北京:人民出版社,2013.

王素娟.文化创意产业发展中法律问题研究[M].北京:中国人民公安大学出版社,2013.

黄波涛.中华文化"走出去"的财政政策研究[M].北京:社会科学文化出版社,2013.

刘德定.当代中国文化软实力研究[M].北京:人民出版社,2013.

刘建华.对外贸易文化研究[M].北京:中国书籍出版社,2013.

张蹇.国际文化产品贸易法律规制探究[M].北京:中国人民大学出版社,2013.

张祥.文化软实力与国际谈判[M].北京:社会科学文献出版社,2013.

花建.文化软实力——全球化背景下的强国之道[M].上海:上海人民出版社,2013.

习近平.习近平谈治国理政[M].北京:外文出版社,2014.

张旭东.全球化与文化政治[M].北京:北京大学出版社,2014.

丁学良.中国的软实力和周边国家[M].北京:东方出版社,2014.

刘育红."新丝绸之路"经济带交通基础设施与区域经济增长[M].北京:中国社会科学出版社,2014.

姚余栋.梅花与牡丹:中华文化模式[M].北京:中国金融出版社,2014.

李忠民."丝绸之路"经济发展研究[M].北京:经济科学出版社,2014.

马莉莉,任保平.丝绸之路经济带发展报告:2014[M].北京:中国经济出版社,2014.

刘迎胜.丝绸之路[M].南京:江苏人民出版社,2014.

厉以宁.读懂"一带一路"[M].北京:中信出版社,2015.

全国哲学社会科学话语体系建设协调会议办公室.中国学术与话语体系建构[M].北京:社会科学文献出版社,2015.

张洁.中国周边安全形势评估:"一带一路"与周边倡议(2015)[M].北

京:社会科学文献出版社,2015.

赵磊."一带一路":中国的文明型崛起[M].北京:中信出版社,2015.

李向阳."一带一路":定位、内涵及需要优先处理的关系[M].北京:社会科学文献出版社,2015.

王灵桂.海丝列国志[M].北京:社会科学文献出版社,2015.

王义桅."一带一路":机遇与挑战[M].北京:人民出版社,2015.

葛剑雄,胡鞍钢,林毅夫,等.改变世界经济地理的"一带一路"[M].上海:上海交通大学出版社,2015.

邓显超.发展文化软实力的国际经验和中国选择[M].北京:中国政法大学出版社,2015.

秦玉才,周谷平,罗卫东."一带一路"一百问[M]. 杭州:浙江大学出版社,2015.

邹磊.中国"一带一路"战略的政治经济学[M]. 上海:上海人民出版社,2015.

黄茂兴.历史与现实的呼应:21世纪海上丝绸之路的复兴[M].北京:经济科学出版社,2015.

冯并."一带一路"全球发展的中国逻辑[M].北京:中国民主法治出版社,2015.

中国现代国际关系研究院."一带一路"读本[M].北京:时事出版社,2015.

荣新江.丝绸之路与东西方文化交流[M].北京:北京大学出版社,2015.

李慎明,杨晓萍.国际交往与文化软实力[M].长沙:湖南大学出版社,2016.

卓新平,蒋坚永."一带一路"倡议与宗教对外交流[M].北京:社会科学文献出版社,2016.

陈玉荣."一带一路":中国统筹发展大棋局[M].北京:中国水利水电出版社,2016.

徐照林,王竞楠."一带一路"建设与全球贸易、文化交流[M].南京:东南大学出版社,2016.

赵世举.语言服务与"一带一路"[M].北京:社会科学文献出版社,2016.

贾磊磊.提高国家文化软实力研究[M].北京:中国文联出版社,2016.

金巍."一带一路"背景下的中国文化倡议[M].北京:中信出版集团,2016.

汪伟民."一带一路"倡议和平与发展[M].北京:法律出版社,2016.

胡伟."一带一路"打造中国与世界命运共同体[M].北京:人民出版社,2016.

刘卫东,刘志高."一带一路"建设对策研究[M].北京:科学出版社,2016.

王义桅.世界是通的:"一带一路"的逻辑[M].北京:商务印书馆,2016.

宋磊.中国对外文化贸易研究[M].昆明:云南人民出版社,2016.

马丽蓉."一带一路"软环境建设与中东人文外交[M].北京:社会科学文献出版社,2016.

邹磊."一带一路":合作共赢的中国方案[M].上海:上海人民出版社,2016.

熊春锦.东方治理学:中华民族文化软实力[M].北京:中央编译出版社,2016.

周德刚,周晓舟,李一凡.文化软实力的哲学分析[M].南京:江苏人民出版社,2016.

张晓明,王家新,章建刚.中国文化产业发展报告(2015—2016)[M].北京:社会科学文献出版社,2016.

曹卫东.外国人眼中的"一带一路"[M].北京:人民出版社,2016.

薛力."一带一路":中外学者的剖析[M].北京:中国社会科学出版社,2017.

王义桅."一带一路":中国崛起的天下担当[M].北京:人民出版社,

2017.

哈嘉莹,尚晓燕.中国文化元素与企业国际化战略:"一带一路"沿线的中国企业[M].北京:对外经济贸易大学,2017.

汪幼海.全球辐射影响力:文化软实力创新发展倡议研究[M].上海:上海社会科学院出版社,2017.

国家信息中心."一带一路"大数据报告(2017)[M].北京:商务印书馆,2017.

吴冰冰."一带一路":案例实践与风险防范[M].北京:海军出版社,2017.

孙宜学."一带一路"与中华文化国际传播[M].上海:同济大学出版社,2019.

梁昊光,张耀军.2019中国"一带一路"人文与外交发展报告[M],北京:世界知识出版社,2019.

王润珏,周亭.融合与创新:"一带一路"软力量建设研究(2018)[M].北京:中国传媒大学出版社,2019.

艺衡.文化主权与国家文化软实力[M].北京:社会科学文献出版社,2019.

期刊类

程曼丽.国家形象危机中的传播策略分析[J].国际新闻界,2006(3).

李嘉珊,赵晋晋.中英文化创意产业发展现状及其对外贸易实证对比[J].生产力研究,2007(17).

杨柏峰.中美国际文化贸易的比较分析[J].科技经济市场,2007(2).

成文,田海龙.多模式话语的社会实践性[J].南京社会科学,2006(8).

房桦.十年来中国软实力发展研究综述[J].当代国际关系,2009(1).

沈壮海.文化软实力的中国话语、中国境遇与中国道路[J].马克思主义研究,2009(11).

熊澄宇.经济危机中文化产业的生机和转机[J].求是,2009(8).

窦坤,刘新科.中国传统文化的当代价值及其传承[J].西北农林科技大学学报(社会科学版),2010(3).

刘水.文化产业的国际解读与宏观研究[J].建筑与文化,2010(1).

黄金辉,丁忠毅.中国国家软实力研究述评[J].社会科学,2010(5).

王啸.国际话语权与中国国际形象的塑造[J].国际关系学院学报,2010(6).

冯艳霞.浅论增强我国文化软实力的途径[J].改革与开放,2010(7).

张殿军.硬实力、软实力与中国话语权的构建[J].中共福建省委党校学报,2011(7).

张殿军.论中国"文化走出去"[J].理论探索,2012(6).

张晓东.全球化语境下影像对文化同质化的解读[J].赤峰学院学报,2012(8).

彭慧,潘国政.文化软实力与国家形象[J].江苏省社会主义学院学报,2013(2).

付瑞红,亚超.中国崛起与文化安全倡议体系构建[J].中共天津市委党校学报,2013(3).

粟青.新闻传播事业呼唤大众文化教育[J].青海教育,2013(4).

徐稳.全球化背景下当代中国文化传播的困境与出路[J].山东大学学报(哲学社会科学版),2014(4).

施旭.当代中国话语的中国理论[J].福建师范大学学报(哲学社会科学版),2013(5).

王明亚.丝绸之路经济带的构建及其倡议意义[J].天水行政学院学报,2013(6).

卫玲,戴江伟.丝绸之路经济带:超越地理空间的内涵识别及其当代解读[J].兰州大学学报,2014(1).

李雪梅,闰海龙,王伯礼.丝绸之路经济带:新疆的布局和策略[J].开放导报,2014(2).

赵华胜."丝绸之路经济带"的关注点及切入点[J].新疆师范大学学报,2014(3).

张维为.中国模式和中国话语的世界意义[J].经济导刊,2014(3).

欧阳雪梅.中华文化国际影响力的现状及制约因素[J].毛泽东邓小平理论研究,2014(3).

蔡武.坚持文化先行建设"一带一路"[J].求是,2014(5).

马莉莉,张亚斌,王瑞.丝绸之路经济带:一个文献综述[J].西安财经学院学报,2014(7).

袁新涛."一带一路"建设的国家战略分析[J].理论月刊,2014(11).

李炜炜.媒介融合背景下中国文化软实力国际传播模式探析[J].现代传播,2015(1).

赵培.中国话语传播[J].社会科学战线,2015(3).

周凯.全球化背景下"一带一路"建设的对外传播[J].对外传播,2015(3).

谭峰."一带一路"话语体系建构的两大转变[J].对外传播,2015(4).

马丽蓉."一带一路"与亚非倡议合作中的"宗教因素"[J].西亚非洲,2015(4).

李建军.中华文化走出去新视角[J].新疆师范大学学报,2015(4).

杨生平.话语理论与中国特色社会主义话语体系构建[J].中国特色社会主义研究,2015(6).

赵逵夫."一带一路"的倡议构想与丝绸之路的文化系统[J].甘肃社会科学,2015(6).

余博.我国海外文化传播倡议亟待调整[J].理论视点,2015(6).

李希光."一带一路"文化建设与丝绸之路文化复兴[J].当代传播,2015(6).

蔡天新.古丝绸之路的妈祖文化传播及其现实意义[J].世界宗教文化,2015(6).

计宏亮."一带一路"国际话语权的建构刍议[J].理论学刊,2015(7).

梁海明."一带一路"海外传播应避免的几大误区[J].中国记者,2015(10).

杨志波.用伊斯兰文化交流助力"一带一路"建设[J].中国宗教,2015(10).

王永贵,刘泰来.打造中国特色的对外话语体系——学习习近平关于构建中国特色对外话语体系的重要论述[J].马克思主义研究,2015(11).

郑士鹏.一带一路建设中文化交流机制的构建[J].学术交流,2015(12).

姬瑶瑶,赵雅颉.中国文化走向世界的倡议思考[J].学理论,2015(28).

段京肃,段雪雯.丝绸之路文化传播力的传承与发展[J].当代传播,2016(1).

韩震.对外文化传播中的话语创新[J].中国特色社会主义研究,2016(1).

陈力丹."一带一路"下跨文化传播研究的几个面向[J].江西师范大学学报(哲学社会科学版),2016(1).

盛斌,黎峰."一带一路"倡议的国际政治经济分析[J].南开学报(哲学社会科学版),2016(1).

王晨佳."一带一路"概念下的文化传播与译介[J].人文杂志,2016(1).

李希光.建设"一带一路"文明圈(上)[J].经济导刊,2016(1).

李希光.建设"一带一路"文明圈(下)[J].经济导刊,2016(2).

桑明旭."一带一路"战略的出场语境、理论根基与时代价值——基于历史唯物主义视角的解读[J].宁夏社会科学,2016(2).

王义桅."一带一路"的国际话语权探析[J].探索,2016(2).

席珍彦.新时期中国文化软实力建设的路径探讨[J].四川大学学报,2016(2).

王灵桂.国外智库看"一带一路"[J].社会科学文摘,2016(2).

隗斌贤."一带一路"背景下文化传播与交流合作战略及其对策[J].浙江学刊,2016(2).

王文权."一带一路"背景下中国海洋文化传播的民族化叙述[J].当代传播,2016(2).

彭瑞花.丝路佛教文化的传播与跨文化道德准则的建构[J].青海社会科学,2016(2).

孙朋军,于鹏.文化距离对中国企业落实"一带一路"投资战略的影响[J].中国流通经济,2016(2).

刘立华,徐硕.习近平主席"一带一路"话语创新实践案例研究[J].北京第二外国语学院学报,2016(3).

李荣."一带一路"对外传播的误区及相关对策建议[J].教育传媒研究,2016(3).

范周,周洁."一带一路"建设背景下的中国文化软实力建设研究[J].同济大学学报(社会科学版),2016(5).

胡惠林.国家文化安全法制建设:国家政治安全实现的根本保障——关于国家文化安全法制建设若干问题的思考[J].思想战线,2016(5).

王心源,刘洁,骆磊,等."一带一路"沿线文化遗产保护与利用的观察与认知[J].中国科学院院刊,2016(5).

虞程盛."一带一路":中国融入和引领世界的新战略[J].探求,2016(6).

赵梅艳."一带一路"背景下推动中外文化交流的路径选择[J].中华文化论坛,2016(10).

孙发友,陈旭光."一带一路"话语的媒介生产与国家形象建构[J].西南民族大学学报(人文社科版),2016(11).

金海波.文化安全政策的国际镜鉴与启示[J].重庆社会科学,2017(3).

史安斌."一带一路"背景下我国对外传播的创新路径[J].新闻与写作,2017(3).

袁剑.丝绸之路、地方知识与区域秩序——"丝绸之路"的概念、话语及其超越[J].陕西师范大学学报(哲学社会科学版),2017(4).

王春荣.文化软实力的提升之道[J].文化纵横,2017(4).

胡惠林.论构建国家文化安全管理系统与国家文化安全危机应急决策机制[J].毛泽东邓小平理论研究,2018(4).

钟新,令倩.全民外交:中国对外传播主体的多元化趋势[J].对外传播,2018(9).